JN232379

沢田允茂 *Sawada Nobushige*

昭和の一哲学者

戦争を生きぬいて

目次

昭和の一哲学者

戦争を生きぬいて

第一部　戦前・戦中を生きる

第一章　幼少年時代

最初の記憶――西大久保・東中野・鎌倉

私、沢田允茂の生まれたのは一九一六（大正五）年九月二十六日、場所は東京の西大久保と聞いている。私の記憶のはじまりは、やはり西大久保の家だが、それが生まれたときの家かどうかはわからない。なぜなら、私の生まれたとき、軍人であった父はシベリア出征中で、その父が帰って来て西大久保の家にいた頃が私の記憶のはじめだからだ。それは数え年の四つか五つの頃だと思う。

そのときに近くの抜弁天まで一人でよく行って、そこの境内で遊んだことが記憶に残っている。そこから少し行くと余丁町というところで、そこに井上という父の次兄亀良《きよし》の奥さんの両親の家があり、私と同じくらいの子どもがいたので、そこへよく遊びに行ったことを覚えている。

その次に記憶に残っているのは、それから移った東中野のことだ。東中野の駅を降りて、立川の方に向かって左側の丘から中野の方を見ると、ずっと田んぼになっていて、そのはるか向こうに中野の街並みがひろがり、その向こうに富士山がそびえて、それを見によく行っていた。いまは家がびっしり建っているが、その頃は田んぼだった。

その東中野の家では毎朝父の別当（馬丁）さんが馬を引いて来る。それから父が支度して馬に乗って、参謀本部だかどこかへ出かけて行く。別当さんに私も馬に乗りたいとよく言ったので、父が出る少し前に中野の町が見える方まで、彼が連れて行ってくれた記憶がある。

その頃のもう一つの記憶は、ある日母が喀血をしたことだ。父は私に、お医者さんを呼んで来てくれと言った。その頃は電話もなかったから、私は夢中で走ってお医者さんのところに行った。お医者さんは来てくれたのだろうけれど、それから先のことも、母がそれからどうしたかも全然覚えていない。東中野での私の記憶はそれでお終いだ。

その次の記憶は鎌倉だ。鎌倉の駅の裏側を降りて、いまの紀ノ国屋の前の通りを少し行ったところに家を借り、父と二人で住んだ。母は山形の上山《かみのやま》の実家に帰っていたのではないか。弟の允明はそこで生まれたと思うのだけれど、そのために父がその家を借りて私と二人で住んだのだろう。ときどき父に手を引いてもらって、鎌倉の駅などに行ったりした記憶がある。

鎌倉にはそう長くはいなかったと思う。なぜならすぐに父がコンスタンチノープル（イスタンブールの旧称）に行くことになって出発したからだ。そのときに私は松山のおばあさんに預けられることになり、父と一緒に横浜から箱崎丸という当時のヨーロッパ航路の大きな船に乗って神戸まで行った。確か神戸で泊って、そこで松山から迎えに来ていたおばあさんに預けられたのだと思う。箱崎丸というその船の中に子どもの遊ぶ部屋があって、電気の木馬に乗って遊んだ記憶がある。

松山での少年時代

神戸でおばあさんに受け渡されたときの記憶はない。それから飛んで、おばあさんと一緒に住んでいた松山の済美女学校の寄宿舎の記憶になる。まだ小学校に入る前だ。そこに行ってからおそらく一年かそれくらいで小学校に入学した。松山駅から高浜へ行く伊予鉄という鉄道があって、長い煙突のついた昔の機関車がポッポ、ポッポと客車を一輛か二輛引っぱって走っていた。それが小学校の校舎のすぐそばを通っていた。その線路に近い校舎の中に畠があって、ネギなどがたくさん植わっていて、ネギ坊主を見ながら汽車ポッポを見ていたという記憶がある。

このおばあさんというのは、二十八のときに夫を亡くした。高知県の高知郡鴨田村にいたが、そこには沢田一家が農業をやっていて、親類などがたくさんいたらしい。あとで人に聞いた話では、沢田の土地は高知市までつづいていたというくらい大きなものだったそうだ。

夫が亡くなったので、おばあさんは私の父を入れて四人の男の子を育てるために、何か自分で仕事を持たなければならない。そのために学校の先生になろうと思い、高知から東京に一人で出て来て、渡辺裁縫学校に入り、そこを卒業した。そして子どもたちを連れて、高知から石《いし》槌山《づちさん》のある峠を越え、松山まで歩いて来たという。

松山で沢田裁縫学校というのを作り、それがきっかけとなって、のちに船田操さんがやっていたもう一つの学校と合併して済美女学校を作ったわけだ。

済美女学校には昔の長屋のような二階建ての大きな寄宿舎があって、おばあさんはそのうちの四部屋くらいを自分の住む部屋として使っていた。一階は食堂で、二階は生徒さんたちの部屋が並んでいた。私はそのおばあさんに女学校の寄宿舎の中で育てられたわけだ。

松山に行ってから確か一年くらいして、市内にある愛媛県の男子師範学校付属小学校に入学した。普通ならうちの前にあった公立の第五小学校に行くところだったが、そこに行かないで付属小学校に行ったので、うちの周りには友だちがいなかった。しかも、女学校の中に住んでいたから、友だちと一緒に遊ぶということはなかった。

付属小学校までは歩いて三十分くらいだった。済美女学校を出てちょっと歩くとお濠端に出る。そこから電車道に沿って松山城のある山の麓にあった付属小学校に通った。その当時は車も少なく、いまでも覚えているけれど、たまに自動車が通るとその後について行って、排気ガスの匂いを、ああいい匂いだと嗅いだりしたものだ。

学校に行く途中には勧工場《かんこうば》（細長い露地の中にいろいろな店が並んでいるところ）があって、よくその中に入り、水飴を中に入れた棒状のお菓子が欲しくて、それを買って食べたりした。

最初は私が一人でおばあさんのところにいたわけだが、しばらくして母が山形から允明と乳母を連れて松山に来た。それから母はしばらくは松山にいたけれど、いつの間にかいなくなってしまった。自分の病気のこと、生徒さんたちがいるからということではないかと思うのだが、山形に帰ったのだろう。允明は乳母と一緒に残って、乳母は生徒さんたちの食事のことなどもやっていた。その乳母はその頃うちにいたじいやと仲よくなってかけおちをしたのだが、すぐ戻って来て、おばあさんが、じゃあ二人を使う、ということになった記憶がある。

本の虫

さきほども言ったように、私は遊び友だちが周りにいなくて、年上の女学生のお姉さんばかりだったから、ひとりでに本を読むことで時間をつぶすようになったわけだ。最初は絵本とか「コドモノクニ」、「赤い鳥」など、その頃のいわゆる大正デモクラシーを反映した読物を読んだ。考えてみるとそれが私の基本的な性格を決めた。つまり大正デモクラシーに育てられたと言っていい。

そのうちに少年文庫など少年向きの文庫本が出はじめ、毎月二冊くらい買ってもらって読んだ。世界の名作や小川未明の童話などがあった。小学校の五、六年になって来ると、女学校の図書室の本を借り出して読むようになった。そのようなわけで私はいろいろな本をたくさん読んでいたので、学校で話し方の時間になると、いつも担任の先生が私ばかり指名する。そのためにも、いつも本を読んで材料を仕入れておかなければならなかった。

クラスは男女共学で四十人くらいだったと思う。その当時私は、私と同じ年で私くらい本を読んでいる子どもは日本中にいないだろうと思っていた。そしてきっとこのことはあとで役に立つと思った。それであるときおばあさんに、大きくなったら童話を書いてお金をもうけて、道後ホテルみたいな大きな家を建ててあげると言った覚えがある。たくさん本を読んでいるということが自分自身の特徴だと自分でも思っていた。

そのほかに、学校の屋根に登ってチャンバラごっこをして先生に叱られた記憶もあるが、学校の中での記憶はそれくらいだ。本好きという特徴があったから先生には可愛がられた。成績は国語などはいいが算数の点数はあまりよくなかった。というのは小学校をあちこち替わったからだ。

小学校の二年生のときに父がコンスタンチノープルから帰って来て、東京杉並の阿佐谷に家を建てた。それが関東大震災（一九二三年九月一日）のちょっとあとだったと思う。それで親子四人、父と母と弟の允明と私とで暮らすことになり、私は松山の付属小学校から東京の高円寺にあった私立の敬愛小学校に転校した。そこの校長さんが高知の人だったかららしい。

そこで親子四人で生活しはじめた。母はいつも階下で寝ていたのだが、ときどき起きて、朝私が学校へ行くのに小さな森を抜けて行く、その森のところまで歩いて送ってくれた。歩いていてふと振り返ると母がいつまでも立って見送っていた。

そのうちに私も允明も母の病気に感染し、允明は左肋膜炎、私は左肺尖カタルになって、二人とも学校を休んで二階で寝ていた。考えてみると下には母が、二階には私たちが寝ていて、父は帰って来れば病人ばかりの家だったわけだ。その頃はじめて日本でラジオが売り出されたので、父が鉱石ラジオを買ってくれて、允明と二人で「聞こえる聞こえる」と大よろこびした記憶がある。そんなわけで、私たち二人とも病気になったのは、母と一緒にいたからだということになって、結局東京に来たのが夏だったと思うけれど、翌年の春には松山に帰った。

松山に帰ってみると、算数などは間が抜けてしまっている。そういうものは途中で抜けるとわからなくなるもので、ほかの科目は大抵十点だったが、算数は七点とか六点だった。しかし途中で追いついて行ったらしい。それで中学の試験を受けに行ったら、いいと言って返された。あれ、だめだったのかと思ったが、あとで聞くと推薦入学のような形で通ってしまったらしい。

「坊っちゃん」の松山中学校へ入学

それで松山中学、いわゆる夏目漱石の「坊っちゃん」の中学に入ったわけだ。ちょうどその頃に、信州小諸の商業学校の先生をしていたおばあさんの長男の稲衛《いなえ》伯父が、その仕事をやめて松山に帰って来て住むようになった。今は松山市になっているが、当時は伊台《いだい》村で、そこに土地を買ってみかんを中心に農業をやるようになった。それで中学生が女学校の中に住んでいるのはどうも常識に反するということになって伯父の家に預けられ、そこから自転車で松山中学校に通うようになった。中学二年のときだったと思う。伯父は日本文学全集を揃えていたのでそれをよく読んだものだ。また一歳年下の宗彦といういとこがいてテニスをやっていたので、彼に習ってだいぶテニスの腕を上げた。

父は少し前からハルビン（中国東北部の中心都市）の特務機関長だった。昭和五年の夏に、おばあさんが私と弟と宗彦と三人を連れてハルビンまで旅行して、一週間くらい滞在した。その帰りに大連にいた亀良伯父の家に寄って、旅順とかいろいろなところを見て帰って来た。

私が中学に入る前の年だったか、母が亡くなったので、私と允明と二人おばあさんに連れられて東京の家に行った覚えがある。亡くなった顔を見て、「あ、おふくろ亡くなったんだな」と思ったけれど、母と一緒の生活をしていなかったから、悲しいという気持ちはあまり起こってこなかった。それから一年くらいして父が再婚した。その結婚のときにもおばあさんに連れられて東京に行った覚えがある。それから父は新しい母を連れてハルビンに行ったわけだ。

中学明善校へ転校、そして初恋

中学三年のときに父がハルビンから帰って来て九州福岡の久留米の砲兵連隊長になったので、私も允明も久留米に行くことになり、久留米の中学明善校に転校した。

久留米に行ったとき一番困ったのは土地の言葉だ。何を言っているのかさっぱりわからなかった。それでもだんだん慣れてきたが、そのとき久留米の市長さんの息子で石野というのがいて、彼が標準語がわかるので何となく話すようになり、性格が合ったのか、読んでいる本も同じようだったりして友だちになった。

父と暮らすようになったら、父が世界文学全集を揃えていたのでそれを片っぱしから読んだ。だから中学くらいまでの間に日本文学と世界文学の主なものは全部読んだと思う。いまだに憶えているのはドストエフスキーの「罪と罰」だ。それを読んだのは小学校六年生の頃で、まだ松山にいるときだったが、ラスコーリニコフが老婆を殺して金を奪っても、貧しい自分が少しでも勉強できればその方がいいだろうと思ったそのことが間違いだったと気づいて、キリスト教の教えに目覚める、そこで宗教的な考えというものに打たれた。そういう悪事をする可能性は誰にだってある。私にだってある。そのときそれに対してどういう態度をとるのかということで、ラスコーリニコフのとった態度は一つの宗教的な解決だったわけだけれど、小学校のうちから文学を通じて思想というか、そういうものに目覚めたことになる。

石野とはそういう話とか無政府主義の話などをしていた。中学になると当時は軍事教練がはじまる。私は大正デモクラシーで育っているから、軍隊とか国家主義というものに反発を感じていたが、久留米に来てから、師団のある町だからますますそれが強くなって来た。松山中学でも軍事教練がはじまっていたが、その頃はそういう国家主義的な教育の仕方はそれほど強くはなかった。松山中学では私の好きな国語の先生が、ある新興宗教の考え方を教えてくれて、何か思想というものに触れることができたような気がする。

松山中学から久留米に行く前にもう一つ話しておかなければならないことがあった。

たしか中学二年の夏だったか、松山中学の同級生が、私と堀江に住んでいるAさんは関係が怪しいぞ、と言い出したのだ。Aさんというのは、小学校四年生くらいのときに大阪かどこかから私のクラスに転校して来た人で、顔は知っていたけれど小学校を卒業してからは全然会っていなかった。それだのにそういうことを言い出したので、私はそんな人とは会ってもいないのにと言ったのだが、おばあさんがちょうどその頃、堀江に家を借りてひと夏過ごしたそのときに、偶然堀江にいたそのAさんに会ったわけだ。

それが私の初恋というか――夕暮れになるときっと彼女が現われるだろうと思って心待ちに

して浜辺に出ていると、向こうから現われて来る。そんなわけで最初は関係ないと思っていたのが、噂と同じようなことになってしまった。

軍国主義的風潮に反発

久留米の話に戻ると、その頃から軍国主義的な風潮が強くなって来た。久留米の町には師団があって、父は連隊長だったから、青年士官たちがお酒を飲んでうちに集まって来る。ちょうどその頃上海事変（一九三二年一月〜五月）が起こって、肉弾三勇士というのが大きくとりあげられた。それが久留米の連隊から出たものだから、軍人たちが大勢うちへ来て、父は日本間で酒を飲んでいるし、私は自分の部屋に閉じこもっていたけれど、そのあたりでますます軍人が嫌いになってきた。

四年生くらいになると高等学校へ進むために受験勉強がはじまるのだが、私は受験勉強などやる気がしなくて、石野と二人で学校をサボって筑後川の堤防に寝ころびながら、クロポトキンの無政府主義の思想がどうとか、まだよくわかりもしないのにそんな話をしていた。要するに二人で筑後川を下って行く白い帆船を見ながら、その当時の学校教育のあり方や日本のあり方に対する批判をして、あとでなぜ学校を休んだと先生から叱られたりした。

もう一つ覚えているのは、確か五年生のとき、軍事教練の一環として久留米の歩兵連隊に体験入営するというのがあった。兵舎に泊って兵隊さんと一緒に生活をさせられるのだ。そのとき、あとで感想文を書かされたのだが、きちんとした知識をもっている人から見れば、何とまあ兵隊たちがくだらない話ばかりしているかということを書いた。すると教官が目をつけて、どんな本を読んでいるのかと聞く。別に共産主義の本などは読んでいないと言ったら、じゃあどんな本を読んでいるか見に行くぞというから、どうぞ来てくださいと言ったことがある。父のことを知っているから注意されたのだろうが、英国では知識のある人たちが戦争に参加しているのだ、などと言われて、そういうこともあるかもしれないが、軍隊とは何とくだらないところだろうと、その体験入営ですっかり嫌になってしまった。

中学四年のときに、父は久留米の連隊長の任務を終えて東京に引きあげていた。私はあと一年で卒業だったので、同じクラスの長谷川という友人の家に下宿していた。だから私は一人だったのだが、父の息子ということは配属将校は知っていたからそう強いことは言わなかった。けれどもそんなことで、その当時からもう配属将校とはケンカ別れということになってにらまれていた。

その頃父はレコードをたくさんもっていたが、そのオペラのレコードを聞いているうちにすっかりオペラが好きになって、「ビクタース・オペラブック」という英語のオペラの本を買って一所懸命読んだので英語は楽になった。それからヴェルレーヌの詩を読んだらこれをぜひフランス語で読みたいと思って、ラジオの放送を利用しながらフランス語の勉強をはじめた。そしてついでにイタリー語もやろうと思って、イタリー語の本を注文したりしていたら、きっと本屋で聞いたのだろう、英語の先生から呼ばれて、おまえ英語も十分にできないのにイタリー語をやるとは何事だと言われた。

英語ができなくたってイタリー語をやってもいいじゃないかと思ったが、ある日、本をたくさん右手で抱えているとき、町でひょいとその英語の先生に会ったので、しょうがないから左手で敬礼したらあとで怒られた。しかし軍隊に入ったら、右手がふさがっているときは左手で敬礼してもいいことになっていたのだ。そういうくだらないことが起こるたびに、私はその教師をバカにするようになっていた。

卒業式のあとで、石野と二人で筑後川の堤防に行って、やっと解放された気分になった。河川敷に生えていたススキに火をつけたら、燃えひろがってしまって、大あわてで消したこともあった。

卒業しても私は高等学校に進む気はなく、労働者になろうと思っていた。ただ学校に行って勉強をするということがつまらないものに思えて、何か労働するということが一番いいのだという感じになっていた。

久留米にいたときも、夏休みにはおばあさんのところに寄って、それから東京へ行ったりしていた。途中で堀江に寄ってAさんと会ったりした。久留米でも手紙のやりとりをしていたからだ。

その後彼女は大阪のどこかに勤めたので、私が松山から東京へ行くときに大阪でちょっと降りて、彼女の勤め先にたずねて行ったこともある。私がいきなり行ったものだから、なぜもっと早く知らせてくれなかったのと言って、ちょうど橋の上だったが、そこで地だんだをふんだので、私はああそんなにしてよろこぶものなのかなと思った。

第二章　慶應予科、入営、そして戦地へ

早稲田か慶應か

一九三四（昭和九）年の三月に久留米の中学明善校を卒業したが、前にも言ったように何のために上の学校へ行くのかという疑問があり、労働者にでもなろうと考えたりしていたものだから、高等学校や大学予科などを受験する何の手続きもしないで、そのままふらっと東京の阿佐谷の家に帰って来た。

帰って来ると父が、「どこの学校を受けるのか」と聞くから、「どこも受けない、大学なんか行ってもしょうがないから、労働者にでもなろうかと思っている」と言ったら、父が「あとは何をしようとかまわないから、大学だけはちゃんと出ておいた方がいい」と言う。こちらは半信半疑で、そう簡単に今までの考えを変えるわけにもいかず、ぐずぐずしていたら、今から考えてみるとありがたいことなのだけれど、父がまだ受験できるのはどの大学かを調べて、私学でも慶應と早稲田ならいいと言って、両方に受験の手続きをしてくれた。慶應の場合は確か書

類を中学からとり寄せるのが一日くらい遅れたと思うが、父が当時の慶應の配属将校にたのんで諒承してもらったらしい。

それで慶應と早稲田と両方を受けることになった。当時はどっちがいいかなどということには無関心だった。試験の方は両方とも、苦手の数学もまあまあで八分通りできたような気がした。結果的には第一次の筆記試験には両方とも合格して、第二次の面接となった。その面接のときに早稲田の先生が、もし大学に入ったら頭の毛を伸ばすのかどうか聞いて、伸ばすんじゃない、というようなことを言ったので、こちらは別に伸ばしたいとは思わなかったが、伸ばすなというのは当時の軍国主義の象徴、いわゆる坊主頭だったわけだから、ちょっと時局に迎合的な感じがした。

慶應の方の先生は二人ともそんな気配は全然なくて、どういう考えを持っているのかとか、君は中央公論やその当時の左翼系の雑誌などを読んでいるのかとか聞いて、私が答える前に、もちろん中学あたりではそういう本を読むことは禁じているだろうけれど、などと先生同士で話したりして、別に思想がどうだとか反軍国主義はいけないとか、そういうことは全然なかったので、面接をした先生の印象で早稲田は何となく嫌になってしまい、慶應ならいいと思った。

しかもそれにプラスして、慶應はその年から予科は三田ではなく東横線の日吉というところに新しい校舎を作ることを聞いた。早稲田の高等部はごちゃごちゃした狭い町の中だからと、大した理由も持たないまま、行くのなら慶應の方がいいと思って慶應に決めた。

それで慶應の予科の学生となってはじめて日吉に行ったが、私の想像したとおり、東横線の日吉という駅の、渋谷から行って左側の丘の上に鉄筋の校舎が建っていて、周りには何もなかった。しかも日吉の駅から校舎に行くまでの道はまだできていなくて、雨が降ると泥だらけになり、細い板を渡してその上を一列になって並んで行くような有様だった。休み時間に屋上に上がると向こうには富士山が見えるし、周りはひろびろとして気持ちがよかった。

バイオリンより心理学

予科に入ると最初に部活動の勧誘があった。私は前からバイオリンをやっていたから、ワグネルソサエティの管弦楽の方に入った。最初の頃はワグネルソサエティの部屋は学校の中にはとれなくて、駅の反対側にあるいくつかの食堂の中の一つの二階を借りていたが、そこに行ってごはんを食べては部員の人と喋ったりしていた。それですぐにワグネルソサエティのセカンドバイオリンをやることになった。そうなるともう少しバイオリンを練習しないといけないと言われて、確か目黒かどこかのバイオリンの先生のところに、週二回くらい習いに行くことになった。

行ったらすぐにホーマンの教則本を最初からやらされ、それがなかなかうまく弾けない。先生の方はこの次弾けるまで練習して来いと言うのだが、こちらは予科に入ると今まで中学ではなかった心理学とか哲学とかいう学問を学ぶことになって、最初は労働者になろうと思っていたのに、だんだん心理学に興味をもちはじめた。

その心理学を教えてくれたのは、入学試験の面接の先生の一人で、横山松三郎という有名な心理学者だった。その先生の講義がおもしろくていろいろ質問をしたりした。そのうち哲学もはじまって、そんなものをやりはじめたらそちらの方がおもしろくなって、バイオリンの練習などバカらしくてとてもできなくなった。それで私はバイオリニストになるわけではないから、そちらの方に時間をとられるのはやめたというわけで、二、三週間も行ったか、もうバイオリンの先生のところに行くのはやめてしまった。

しかし、あとで神宮の日本青年館でワグネルソサエティの演奏会をやったときに、ゲストに当時のミス・コロムビアの松原操が来て歌ったのを伴奏したりした。そのミス・コロムビアとはのちに田園調布で、子どもの学校が同じで知り合いになった。

松本正夫さんとの出会い

そういうように中学のときにはなかった心理学、あるいは哲学などに興味をもつようになって来た。慶應には哲学科があって、それを中心に三田哲学会というのがあったが、予科が三田から分かれて新しく日吉にできたので、日吉支部を作ることになり、確か二年のときにその当時哲学科の助手をやっていた松本正夫という人が来て、何をやろうかということになった。

その頃岩波書店からフォルレンダーの「西洋哲学史」というのが三巻出ていたので、これを講読してもらいたいとたのんで、放課後三時か四時くらいから、空いている教室を借りて松本さんに講読してもらった。私のほかに三人か四人いたか。いま考えてみると非常におもしろい、いい講義をしてくれて、私が一番よく質問したと思う。

松本さんはその頃田園調布のおやじさんの家に住んでいて、私は阿佐谷に住んでいたから、大学からの帰り日吉から渋谷に行くわけだが、ある日松本さんが田園調布で降りてうちに寄らないかと言うので立ち寄った。松本さんのおやじさんは松本烝治という、もと満鉄の顧問弁護士をやっていた人で、終戦後新しい日本国憲法の制定に関わった人だ。大きな家で、門を入ってすぐ左に下りて行くと、芝生に囲まれたテニスコートがあり、その上の方に二階か三階建の鉄筋コンクリートの家があった。松本さんはその家の二階の一部屋にいたが、そのあとすぐに結婚して、お父さんの家の道路をへだてた向かいに小ぢんまりした新しい家を建てて移った。

松本さんの講義は二年から三年までつづいたが、その間、一週間に一回くらい、呼ばれてその新婚の家に行っていた。

三時か四時頃に松本さんの家に行くと、めしを食って行けと言われ、食事の支度ができるまで散歩をしようと言って、二人で多摩川の方に歩きながらずっと哲学の議論をしていた。むかしアリストテレスなどが、弟子たちとアテネの郊外を散歩しながら哲学の議論をしたと言われているが、考えてみると、松本さんと私はそれと同じようなこと、二人での会話、対話（プラトンがいうディアレクティクス）を通じて哲学していたわけだ。

最初のうちは松本さんから学ぶ方が多かったけれど、疑問があればそれをぶつけるし、そのうち反論があれば反論するということで、二人で歩いている間は侃々諤々《かんかんがくがく》の議論ばかりしていた。考えてみると、それが私の哲学を作りあげてくれたという気がする。

プラトンが「対話篇」の中で言っているけれど、ディアレクティクス、即ち対話というのが哲学を勉強するのに一番ふさわしい身につけ方だ。対話というのは、ある人がAと言う意見を言ったとき、それに対して反対があれば反対の意見を言う。二人で議論をしているうちに、Aでもない、非Aでもない、両方を含んだより高い真理に近いBに到達する。そのBに対してまた反Bの議論をする。そうやっているうちに、さらにBでもない反BでもないCというより高い真理に近い知識に移って行く。そして最後にプラトンの言うイデアに到達する。その意味で対話術というものが一番大切だとプラトンは言っている。

プラトンの「国家論」の中では、彼の理想とする哲人国家の官吏になるためには、二十歳をすぎてから七年間も対話術を磨く。お互い同士あるいは町の人たちとの間で対話をして、それがうまくできるようになってやっと官吏の仕事ができたと言われている。本を読むとか講義を聞くとかではなく、対話ということですぐに疑問をぶつけられるわけだから、反対の議論も含めて、どういうふうに真理に近づいて行くかという考え方が自分の中に作られて行く。

このように最初は哲学でもやろうか、あるいは労働者になろうかなどと考えていたのが、松本さんとの対話を通じてだんだん哲学に夢中になって行った。

予科の友人たち

東京に出て来てから、予科に通いながら夜アテネフランセに行って、フランス語とギリシア語を学び、当時岩波で出ていた哲学の本や、ドイツ語、フランス語の本なども読んで、まさに哲学のための勉強をはじめていたわけだ。

クラスではイロハ順に机が並んでいたので、サの付近に菱川敬一という男がいた。彼はいつも授業のときに机に顔を伏せていて、決して先生の方を向かない変な男で、誰とも話をしないやつだったけれど、何かの折に私と話をするようになった。彼とは唯一の友だちになって、あとまでつづいて行くことになるが、そのほかに私のそばには野田醬油、キッコーマンの一族の茂木長三郎というのがいて、彼ともよく喋った。

私の席は壁ぎわの方だった。反対側の窓ぎわの方の席に山口昌男という男がいた。休み時間には彼を中心に何人かが話していて、壁ぎわの方には私を中心に何人かが話しているという状況だった。向こうは向こう、こちらはこちらで何となく敵対意識をもって話をしないで過ごしていたが、顔の青白いその山口という男が長い髪をかきあげながら話していることを聞いていると、「今度どこどこのシンフォニーの誰とかがドイツから来て……」などと言っている。

私は音楽は好きだけど、久留米などにドイツや英国からそんなオーケストラが来ることはめったになかったから、そういう知識は全然ないのに、彼らはよく知っていて、そういう連中ばかりがあっちに集まっているというコンプレックスがあったかもしれない。こちらはその代わりに哲学的な話などをしていたわけだ。

私の「二・二六」事件

日吉では心理学とか哲学は成績がよかったけれど、西洋史などは中学でやった延長みたいなものでつまらなかった。だから予科のときは、私の好きなものの成績はAだったが、嫌いなものはBで、特別成績がいいというわけではなかった。

予科の終わり頃、父がポーランドの大使館付駐在武官として、母と一緒にポーランドに行ったので、私は中目黒の沢田中《なか》さんという本家筋の親戚の家に下宿することになった。それをきっかけに確か允明は松山の方に行ったと思う。

それで予科の終わりの頃は目蒲線の武蔵小山から田園調布で乗り換えて日吉に行っていた。ある朝、その日は二月二十六日で前の日からの雪が積もっていた。日吉に行ったところ、いっこう人が来ていなくて三、四人しかいない。どうしたのだろうと思っていたら、また一人来て、何でも軍隊が出てどうこうと言っていたのでどうしたのかと思ったらそれが二・二六事件だったわけだ。一九三六（昭和十一）年二月二十六日で、父はそのちょっと前にポーランドに発ったのだが、発つ前には家を引きあげて、反乱軍の将校たちがおさえた赤坂の山王ホテルに泊っていたので、もうちょっと遅かったら巻き込まれるところだった。

こちらは当時哲学に夢中だったので、日本の政治の状況などにはほとんど関心をもたなかった。だからなぜ軍隊が反乱を起こしたのか、それが政治にどういう影響を与えたのか、あとから考えてみれば非常に大きな出来事だったのだけれど、当時は全然わからなかった。もちろん新聞やラジオなどは聞いていて、例の香椎中将の「兵に告ぐ」の放送も聞いているが、とんでもない大きな出来事だったから記憶には残っていても、それがいったいどういう社会的な背景があって起こって、どういうことにつながって行くかということについては、当時は関心がなかったのだった。

ともあれ、予科の三年間というものは、労働者にでもなろうかと思っていた私をすっかり哲学に向けたわけだ。

三年になると、大学の学部のどこに行くかを決めなければいけない。私は松本さんとの関係もあり、哲学専攻に行くと決めたが、もう一人心理学の教授の横山松三郎さんがどうしても心理学に来てくれと言って盛んに私を引っぱった。私は心理学もおもしろいけれど、心理学だけでは私の考えている哲学的なものを解決してくれるには十分ではないので、やっぱり哲学に行きますと言ったので、横山さんはあとで大分残念がっていたと聞いた。この頃だったか、松山のおばあさんに私が哲学をやるつもりだと言ったら、哲学をやるのはいいけれど、お父さんのこともあるから自殺なんかしないでくれと言われたことがある。一九〇三（明治三十六）年、一高生藤村操が思想上の煩悶から、日光華厳の滝に投身自殺して以来、哲学と死とは離れがたいものとして当時の人びとに受け取られていたようだ。

哲学に没頭

日吉を終わって、今度は三田の哲学専攻の学生としての生活がはじまった。

予科時代の友だちが大学でどうなったかというと、茂木は心理学科へ進み、山口は中国文学の専攻に行った。菱川は大学の学部はつまらないと言って予科だけでやめてぶらぶらしていたが、私とのつき合いはずっとつづいた。松本さんとよく議論したと言ったけれど、それと同じくらい菱川は私の家に来て、あるいは彼の家に行って、そこで彼一流の一種の懐疑主義的な考え方に対して私が批判をする、そんなことで彼との哲学的な議論はずっとつづいていた。

松本さんとはいわば哲学専攻の上の人との議論だったわけだが、菱川との場合は学者ではないけれど自分の性格から来たある見方をもっていて、そういう菱川との対話もまた、私にとって非常に役に立った。ある意味で、講義や本で学んだ哲学のほかに、松本さんとの会話、そして菱川との会話、この二つの会話を通じて私の哲学というものが育って行ったと言える。

話は少し戻るけれど、予科のときに文学部には第二外国語がドイツ語のAクラス、フランス語のBクラスとあって、私は哲学をやろうと思ったので当然Aクラスに入った。Bクラスには後に「眠狂四郎」で有名になった柴田錬三郎がいた。

二年くらいのとき、そのAクラスでみんながそれぞれ思っていることを発表する雑誌を作ろうじゃないかと私が言い出して、何人かの仲間によびかけて「丘」という名前の同人雑誌を作った。最初はガリ版刷りで、そこに私はパスカルのエッセイのような形で自分の哲学的な感想文を書いてのせた。二回目からは小説を書きたいと思って、長い小説の最初の書き出しを書いて載せたがそれっ切りで、あとは小説より哲学の方がおもしろくなってしまった。そのほかに私なりに考えて哲学の論文なども書いたものだ。この「丘」は二、三号出ただけで、予科を終わってからはなくなった。

三田に行ってからまた「丘」のつづきを出そうということで、哲学を中心に文学部の人たちに話しかけて、「三田哲学」という同人雑誌を作った。

三田では自分の好きな授業ばかりだったから、どの授業をとってもおもしろい。松本さんや菱川との議論に慣れていたから、何か疑問があればすぐに手を挙げて聞く、あるいは自分の意見をぶつけるということで、哲学科の学生としては入ったときから私は非常に活発だったと思う。

その頃の哲学科は同学年では五人くらい、上級生がやはり四、五人くらいだった。試験のときにも、ふだん休まずに授業に出ていて、授業で聞いたことが自分の頭の中にあり、それを自分なりに書けばいいから、ほとんど試験のための勉強はする必要がなかった。そんなことでいま考えてみると、大学の三年間は非常に活発に哲学に興味をもって、学校の講義だけではなく本もどんどん買って読んだ。

その頃父はポーランドから帰って来て、大学の二年くらいから阿佐谷の家にいたが、二階に私は一部屋をもらった。本棚にはその当時岩波で出している哲学関係の本は全部揃えていたし、休みがあると丸善や、その頃フランス語の本を輸入していた三越の洋書部にしばしば行って、本棚を眺めては買っていた。いまの学生はほとんどそういうことをしないけれど、私にはそれが唯一の楽しみだった。

早慶戦のときは学校は休みになるけれど、野球場には一度も行ったことはなくて、その休みを利用して古本屋めぐりをしようと、まず最初は丸善の洋書部、それから三越のフランス語の洋書、そこから今度は神田の古本屋街をずっと歩いて、次は早稲田か本郷の古本屋街のどちらかを見て歩くのが常だった。

それで思い出したが、まだ父がポーランドにいるときに、私はプラントルの「ギリシア哲学史」という本が日本では手に入らないので、父にこういうのが見つかったら買って欲しいとたのんだら、父は向こうで新聞広告まで出してその本を見つけて送ってくれたことがある。

その当時は哲学をやる人というとドイツ語ばかりやらされていて、フランス語をやっていた人は先輩に一人いただけだった。私は中学からフランス語をやっていたし、アテネフランセに通ったりしたから、三越の洋書部でフランス語の哲学の本などを買い込んでいた。私の書く論文もフランス語の哲学の本から引用したりしていたから、当時フランス語をやっている人のいなかった慶應の哲学科の先生たちの間では、割に珍しがられるというか、注目される存在だったかもしれない。まあ三年間、もっぱらそういう哲学の勉強をしたわけだ。

前に話したAさんとの関係はまだつづいていた。その頃Aさんは東京に出て来ていて、京成の堀切菖蒲園に彼女のおじさんが工場を持っていてそこに身を寄せていたので、ときどき会ったりしていた。

父はポーランドから帰って来てから大阪の師団長になっていて、阿佐谷の家にはいないことが多かった。私が彼女と結婚するというようなことを言ったのかどうか忘れたけれど、父が家にいなかったもので、母が親戚やいろいろな人に相談したらしい。その結果、職業婦人などと結婚するのはどうかというようなことで反対された。

当時はまだ「職業婦人」という言葉があった。それでみんなに反対され私もだいぶ悩んだ。確か卒業の前の年の春くらいに、彼女の方が結婚ということを言い出したのだと思う。その当時だから、卒業すればすぐに軍隊に行かなければならないことははっきりしていたわけで、私の方は結婚までは考えていなかった。そこで一応別れることにした。

志賀高原の思い出

その卒業の前の年の夏休みに、茂木や山口たちから、夏いつも行っている志賀高原の温泉ホテルに一緒に行かないかという誘いがあった。私はそんなところに一人で行ったことなどそれまでなかったけれど、ちょうど卒業論文を書くのにそういうところで書けばいいと思い、母に行っていいかと聞いたら行っていらっしゃいと言うので、二、三日ということで出掛けた。

話は前後するけれど、山口とは親しくなったきっかけがあった。前に述べたように、予科のうちは山口は窓ぎわのグループ、こちらは壁ぎわのグループで、お互いに注目し合ったけれど話したことはなかった。

三田に行ってから偶然昼食を食べるところで山口と一緒になって、食事をしながら喋っているうちに、山口が「いや僕は、予科時代にいつも向こうの方に君がいて、哲学めいたことを盛んに喋っていたんで、何となく気になってしょうがなかった」と言うのだ。一方こちらから見ると、私などの知らない音楽がどうだこうだとか、要するに非常に都会的なセンスの話が聞こえて来る。こちらは都会的じゃなくてまったく泥くさい話をしているので、何となく気になっていた。両方でそう言って「なあんだ」ということになり、そこですっかりわだかまりがとけてしまった。それ以来非常に親しくなり、志賀高原にも山口から来ないかという誘いがあって、茂木と一緒に行くことになったのだった。

そこに一人女性がいた。彼女はMさんと言って、胸の病気の療養のためにホテルなどを泊り歩いている人で、食事をしたりホテルの前の庭に集まって喋ったりするときに、いつも彼女が中心になっていた。みんな彼女に関心があるのだなと思ったけれど、私はあとから行ったし、山口たちがいるのだから、私など入る余地はない。すばらしい人ではあるし、きれいな人だったけれど、私はいつも第三者的な立場でつき合っていた。

滞在二日目くらいだったか、スイカをくりぬいて実と一緒にカクテルを作って、それをみんなで飲もうということになった。私はそんなものを飲んだことはなかったが、それがおいしくておいしくて、ガブガブ飲んだところ胃をこわしてしまって、うなるくらいに苦しんだ。それで二、三日で帰るつもりだったのに、母に電話してこうこうだからもっといることにしたと言ってお金を送ってもらった。百円くらいだったか、母は驚いていたが、そうして十日くらい滞在した。

ところが母から電話があって、できるだけ早く帰って欲しいと言う。というのは大阪の師団長をしていた父がノモンハン（中国東北部の北西の地。一九三九年に日ソが軍事衝突した）に行くことになって、大変な時代だからどうなるかわからないということだった。ひょっとすると戦死するかもしれないとも考えたのだろう。だから早く帰って来てくれと言うのだ。しかしこちらはまだふらふらしていたから、それが治ってから帰った。

そのようなわけで志賀高原から帰って、卒業論文を何とか仕上げた。卒業論文はデカルトを中心に話を起こして、その当時の実存哲学、ハイデガーとかヤスパースなどのことをとり入れて書いた。その当時は「実存」と言わずに「覚存」と言っていた。最初は実存という言葉と覚存という言葉と両方があった。（あとで私が軍隊から帰ってから、この卒業論文を三田哲学会の雑誌の「哲学」にのせることになった。）

戦時下の卒業

卒業前になってみんな就職の運動をはじめたとき、私は就職する気はないし、大学院に残ってもう少し好きな勉強をつづけようか、あるいはどうしても職業につかなければいけないのなら、どこか書籍の編集をするようなところに行こうか、などと考えていた。当時の大学院は正式なものではなくて、学校に残って自由に勉強はできるけれども資格にはならないというものだった。

するとある日、橋本孝という先生から学校に残る気はないかと言われた。ただし学校に残っても、うちをみればわかるように、そんなにお金をたくさんもらえるところではないけれどどうか、と言うから、いや私もそんなにお金が欲しいとは思わないし、もし研究がつづけられればよろこんで残りますと言って、そこで私は自分の研究がつづけられる一番都合のいい場所が見つかったことが、卒業の前にわかったので非常に安心をした。

卒業の前に松山のおばあさんのところに行っていたら、母から電報が来て、卒業式のときの謝辞を書いて出すようにと慶應から言って来たからすぐに帰ってくれ、というので東京に帰った。

その謝辞というのは大きな紙に筆で書かなければいけないので、弱って、一所懸命文章を考えて書いた。その頃父はノモンハンから帰って参謀次長になっていた。その父が、今前線では兵隊さんたちが一所懸命戦っているのだから、そのことも謝辞の中に入れたらどうかなどと言ったので、私はそんなことはあまり書きたくなかったが、しょうがないから最後にちょっと入れておいた。

それでその謝辞を読んで、学校に残ることになって卒業したわけだ。一九四〇（昭和十五）年、その頃、紀元二千六百年と言っていた年だった。その前に「支那事変（日中戦争）」が起こって、日本が「満州（中国東北部）」から中国大陸の北部、中部の方まで戦線を広げていた。

当時大学を卒業するまでは入営を延ばすことができたが、卒業後は徴兵検査に合格すれば入営しなければならない。入営すれば当然もう戦争がはじまっていたわけだから、国内ではなくて、中国、当時の「支那」に行かなければならないことはわかっていた。つまり大学を卒業すれば必ず戦争に巻き込まれるという状態があったわけだ。

よく友だち同士集まって、戦争に対してどうするかいろいろと議論をしたが、結局これは逃れるわけには行かない、兵役を拒否してもすぐにつかまって第一線に送られてしまうわけだから、結局くだらない戦争を避けるのではなくて、自分で受け止めて踏みつぶして行こうじゃないか、というような話をしていた。

当時は世の中もだんだんうるさくなって、われわれ学生が夜、ある哲学の先生のところに集まって、当時出たばかりの田辺元の「哲学通論」などという本を読んでもらっていると、憲兵が来て、何をしているかと調べたりするような時代になっていた。

前に、予科の二年のとき二・二六事件があったと言ったけれど、それをきっかけにして戦争に入り、それが大きくなって行ったわけで、そうなるとそれに反対する勢力、あるいは共産主義者などに対する弾圧がはじまって来る。古本屋などにも公安の係がまわって、弁証法などという名前のついている本を焚書《ふんしょ》にするといったことが起こっていた。そういう時代背景が私の卒業の頃にはあった。非常に軍国主義に傾いた、そして卒業すれば否応なしに軍隊に引っぱられて、戦争に巻き込まれることが目の前に迫っている、そういう時代だった。

卒業前年の夏休みにノモンハン事件が起こったのだが、その頃ヨーロッパではヒトラーがドイツの政治を牛耳るようになって来た。第二次世界大戦がはじまったのが一九三九(昭和十四)年の九月、その前からもうヒトラーがナチズムを起こして、ドイツがどんどん新しい国家として甦りつつあるということは、大学の教育にも多少影響があった。

社会学の先生に新館正国さんという人がいて、私は割と好きな先生だったが、この人がすっかりナチびいきになってしまって、ナチズムのいろいろな政策は非常に新しくて、第一次大戦後のドイツの混乱を救い、新しい国家を作りつつあるというようなことを講義の中で話してくれたこともある。こちらもヒトラーのくわしいことについては知らなかったが、ナチズムというものが起こって、ドイツが非常によくなって来つつあるということは、大学の二年か三年くらいのときに聞いていた。世界の中ではそういうことが起こりつつあったわけだ。

私は日本がそういう戦争に向かって行くような傾向に対しては小さいときから反対だったの

で、大学三年くらいだったか、人民などというのは日本にはない、全部臣民であるというようなことが言われ出して来て非常に腹立たしい思いをしていたけれど、中には右翼のそういう運動に積極的に参加している学生もいて、たとえば哲学科で少し下の学生が東大でビラをまいて捕まったりしたこともあった。そのように大学の二、三年になると周りが政治的に非常に流動的というか、かしましくなって来た。

高等部の助手となる

前に言ったように私が橋本さんの推薦で大学に残ることになったとき、最初は文学部の助手にということだったが、当時文学部の助手は一名しかとらないという学校の財政的な面からの枠があったらしい。西洋史の一年上の卒業の人が文学部の助手になることになったので、橋本さんがその当時あった高等部というところの助手に私を押し込んでくれた。実は高等部には今まで助手という制度はなかったのだが、当時高等部の部長だった経済学部の高木寿一さんという先生と橋本さんが非常に仲がよかったので、何とかしてくれないかと交渉したらしい。

それで高等部の助手になったが、高等部には助手でやらなければならないような仕事は実際には何もない。だからもっぱら文学部のその当時助手だった松本正夫さんの仕事を手伝うことになったので、実質的には二人でいろいろな哲学科の仕事、たとえば三田哲学会で毎月一回開く例会の場所を探したり、通知や張り紙を書いたりしていた。

助手になったのは四月一日からだったが、その年の十二月には入営しなければならなかった。六月か七月に徴兵検査があって、甲種合格と乙種の中の第一乙合格までは入営ということで軍隊に入る。軍隊に入れば当時もう中国で戦線を拡大していたから、当然そっちに行かされることはわかっていた。私は第一乙だった。筋骨薄弱ということで甲種ではなく第一乙というわけだ。私はその当時運動などしていなかったから鉄棒の尻上がりができなかった。徴兵検査を受けたのが二十三歳、卒業まで延期になっていたのをその年に受けたわけだ。

前の年の夏、志賀高原で知り合ったMさんのことだが、志賀高原のホテルにいた間、二回くらい二人で庭に坐って話をしたこともあった。でもこちらは話をすると言ってももっぱら哲学の話で、彼女は茂木や山口たちと一緒に行動していた。

それが、私が助手の仕事をしはじめた頃、五月か六月くらいだったか、ある日茂木から電話があって、ちょっと会いたいと言うのだ。それで会ったところ、茂木が意外なことを言い出した。君はMさんという人を知っているだろう、と言うから、うん、去年の夏志賀高原で会って知っていると言ったら、実は彼女はあれからずっと君のことを思ってひとりで悩んでいて、君に何とかして会いたいのだけれど、君の意向はどうか聞いて欲しいと言って来たので、そのことを君に伝えたいと彼が言うのだ。

私は彼女のような、お金持ちで親と一緒にホテルを泊り歩いているような人とはまるで生活態度も違うし、山口なら向くかもしれないけれど、こちらなどには全然関心がないだろうと思っていたのに、そういうことを打ち明けられて驚いた。

それで会いたいと言うから横浜の山下公園の埠頭のところで会って、彼女の気持ちを聞いたのだが、私はともかく十二月には入営しなければならないし、そうすれば必ず、当時の満州（中国東北部）か中国に連れて行かれてどうなるかわからない。いまのところはあなたの気持ちはよくわかったし、私も決して嫌いではない。だからあなたの気持ちは心に受けとめて、軍隊から帰って来たらまた会いましょうということで、一回会ったきりで別れた。まあ私にとっては思いもかけない出来事だった。しかし私としては、みんなが憧れていたそういう女性が実は私にそんな気持ちを持ってくれていたということで、新しい目で彼女のことを考えるきっかけになった。

麻布第三連隊に入営、中国戦線へ

そうこうしているうちに入営ということになった。十二月の十日だったか。私の入ったのは乃木坂にあった麻布第三連隊だ。

その前にちょっと思い出したことがある。十二月にはどうせ入営しなければならない、そうすれば戦争がはじまっているからどうなるかわからないということで、大学院に残っても自分の好きな本を買って哲学の勉強はしていたが、軍隊に入ったらそんな本など読めないし、戦闘行為もやらなければならないから、非常に中途半端な気持ちでいた。

その頃、確か松本さんの紹介で慶應の塾長だった小泉信三さんに昼食時に会ったことがあった。そのとき小泉さんが、そうか、まあしっかりやり給え、でも十二月には君は軍隊に行かなければならないんだな、本当はそんなことがなければいいのだけどまあ仕方がないよね、というようなことを言ったのを覚えている。

小泉さんが当時の戦争に対してどういうふうに思っていたか、というくわしいことはもちろん知らないし、松本さんなどの話では、私が軍隊に行っている間、相当戦争に協力的だったということで非難していた人もいる。でもそれは当時の状況の中で、大学のあり方としてひとり慶應だけで戦争反対とは言えないわけで、小泉さんが時局に従わざるを得なかったのは当然のことだと思う。小泉さんが私に、「そういうことがなければいいのに、でも仕方ないよね」と言ったことは、小泉さんの個人の気持ちは決して戦争に賛成していたわけではないという思いが、ずっと私の頭の中にあった。

ともかく、私は十二月に麻布第三連隊に入営した。持って行く所持品などが書いてあって、着て行った服は家に返し、そこで兵隊さんの服装になるわけだ。頭は入営前に丸坊主にするように言われていたと思う。

入営の日には確か母が入口までついて来てくれた。私の持ち物を持って帰る必要もあったからだ。

それで入営して行進、駆け足、右向け右、隊列を組むなどの基礎的訓練を受けた。入ったときの位は二等兵だが、中学出以上は、幹部候補生として将来将校になる試験を受けることができる。

十二月十日に入営して、二十日に当時の北支（中国北部）――そのときはどこに行くかわからなかったけれど――に出発することになった。その最後の面会日には、母と親戚の誰かがいたと思う。それから茂木が来てくれた。

当時東部第六十二部隊と言ったが、それがあった麻布から隊列を組んで、行く先は芝浦埠頭だった。あとをついて見送りの人も来てくれた。私たちは芝浦に着いて、そこにあった大きな輸送船に乗せられた。船の中に入ると、底の方を何段にも木で区分けをして筵が敷いてあった。家族が見送りに来ているから甲板に出てもいいという指令が出たが、どこに誰がいるかよくわからなかった。雨がポツポツ降っていた。するとそこに宣伝の車が来て伊藤久雄の歌う「暁に祈る」を繰り返し流した。

ああ堂々の輸送船
さらば祖国よ栄えあれ
遙かに拝む宮城の
空に誓ったこの決意

野村俊夫作詞・古関裕而作曲「暁に祈る」第二聯
JASRAC 出0311150-301

芝浦から宮城は見えないけれどはるか向こうの方にあるわけだ。それを聞くとさすがに、最初は何ともなかったのだが、あとになったら、船に乗ってどこに行くのか知らないが、戦争に行くんだな、ひょっとするとこれで生きて帰れないかもしれない、と思って涙が出た。

船の中では私は分隊長だから、上からの指示を伝えたり、食事を甲板に取りに行ってみんなに配る役割を決めたりするのが仕事だった。ところが船が出てから潮岬あたりに来たとき嵐になって、船が大揺れに揺れたので、みんな吐いて起きて来られない。私だけ平気だったので、食事当番に毎回一人で重いのを持って来て分けてやらなければならなかった。

そうして二日か三日かかったと思うが、われわれが北支に行くということはわかって来ていた。着いたのが、天津のすぐそばにある大沽《たんくー》、そこで船を下りて貨車に押し込まれた。下に筵が敷いてあって、ぎゅうぎゅうづめで、寝るにもやっと足を縮めて横になるという状態で、当時の京漢線に乗せられ、天津から南に下って行った。着いたのが十二月三十日で、お正月はまさに列車の中だった。

そういう状態だからトイレがない。だからおしっこをしたくなると、扉をちょっと開けて、そこからおしっこをする。途中でちょっと止まり、そこでトイレに行きたいやつは行けというので行ってみると、深い濠のようなものが掘ってあって、その上に板が渡してあり、そこに両足を乗せてみんなずらっと並んでやるわけだ。そんなところでウンチをしたのははじめてだが、これが軍隊かと思った。それが済むとまたすぐ貨車に戻って着いたのが開封《かいふう》という所だった。開封は河南省の首都で大学があった。そこでまた貨車に乗り換えて、私たちの部隊は二駅くらい先の蘭封《らんぷう》というところに行った。開封には師団司令部があり、私のいた第三十五師団の第二十九連隊第二機関銃中隊が蘭封にあったわけだ。

そこでわれわれ少数の人間だけ降ろされたが、見たら城壁がずっとあって、そのこちら側は砂漠だった。天津から貨車に乗って来たとき、ときどきおしっこをするために扉を開けると、ほんとうに違う国に来たなと思ったのは、列車の進んで行く周りは全部原野なのだ。そしてそれが土色だった。つまり冬だったから何にも生えていない。それがどちらを見てもずっとつづいているという光景だった。そんなところは日本では見たことがなかった。蘭封に着いても周りの風景はまったく土色だった。

ただあとでわかったことだが、春になると、そういうところが少しずつ緑がかったなと思う、またちょっと緑が濃くなったな、と思っているうちに、どんどん麦が生え出す。そうすると全部が緑一面になってしまう。まさに「麦と兵隊」の世界だ。

行けど進めど麦また麦の
波の高さよ夜の寒さ
声を殺して黙々と
影を落して粛々と
兵は徐州へ　前線へ

藤田まさと作詞・大村能章作曲「麦と兵隊」第四聯
JASRAC　出0311150-301

村の付近には楊柳があって、豚が飼われたり犬が放されたり、まさに緑一色なのだ。冬は全部土色だが夏にはまるっきり違う。

そういう冬の真最中の蘭封というところに着いて、小さな城門を入ると周りにみすぼらしい中国の民家が並んでいる。その中の一角に第二機関銃中隊の宿舎があった。床にアンペラを敷いてその上に毛布と薄っぺらな敷布団を置いて寝るわけだ。

第三章　北支での軍隊生活

軍隊生活のはじまり

いままで知らなかった中国の小さな町で、いよいよ軍隊生活をはじめることになった。古年兵たちは共産ゲリラの討伐などに出かけたりしていたが、こちらはまだ教育期間だから、もっぱらそれから二、三か月くらい機関銃の撃ち方、搬送、持ち方などの訓練を受けた。それは一期と言って、それが終わるとわれわれは幹部候補生だから、そのための訓練が別のところに行ってはじまることになる。

中隊は六、七十人くらいだが、それがいくつか集まって大隊になる。その大隊本部が蘭封にあってそこに軍医さんがいた。小さくとも旅行して来たわけだから、検査のために軍医さんのところにすぐに行ったら、その軍医中尉がカルテを見て、おお君は慶應か、私も慶應だ、医学部の助手だ、という。私も助手だったからすっかり意気投合して、それからときどき呼んでくれ、ごちそうになったこともあった。最後に新郷《しんごう》の陸軍病院に私を入れたのもその菅原という軍医さんだった。そんな中国の奥地などに来て、同じ慶應の助手だった人と会ったのは何となく心強かった。

自分では気がつかなかったけれど、当時父が第十三軍の軍司令官だったから、将校たちはみんな私が父の息子だということを知っているわけだ。それをいい意味で利用して、いろいろやりたいことをやった面もあるけれど、ともかく注目されていた。そこで軍隊での生活がはじまったわけだ。

私の配属されたのは機関銃中隊、機関銃は重機関銃だった。軽機関銃というのは普通の歩兵部隊でもひとりひとりが持っている小型のものだが、重機関銃はもう少し大きくて、普通は四人で持つ。射手と弾薬係とそのほかに二人補助がいる相当重いものだ。それを撃ったり操作したり運んだり手入れしたりするのが、機関銃中隊の訓練だった。私は中学の頃から射撃部に入っていたから、小銃の射撃は当る率が高かったが、機関銃というのは弾丸が出るときに体が動くので、それを抑えるためにものすごい力で肩に引きつけないといけない。私は筋骨薄弱なので、どうも機関銃の射撃は当る率が悪くてあまりうまくなかったが、機関銃の場合は弾丸がつぎつぎに出るので、小銃のように一発必中というわけではないからよかった。

機関銃は遠くに移動するときは馬に乗せて運ぶので、乗馬練習もやらなければならない。私は軍隊に行く前に、松本さんの御殿場の別荘で松本さんと一緒に馬を借りて乗ったことがある。

それで何とか馬に乗るコツくらいは覚えたが、一回切りなのでそんなにうまくはなかった。

その乗馬練習で早速馬に乗せられるわけだ。よっぽどしっかりと馬の胴を足で押えていないと落っこちてしまう。少し乗れるようになった頃に私が失敗したのは、教育係の上等兵が一番前の馬に乗って何人かでついて来いというので、馬でついて行ったところ、先頭の上等兵が速足と言いながら角を曲がったので、私も曲がろうとしたら、締めつけが弱かったせいで、馬は曲がったけれど、私はすぽっと抜けて地上に放り出されてしまったことがあった。

しかし、そんなことをしているうちにこちらも慣れて、普通に乗って速足くらいはできるようになった。馬の手入れもしなければならなかった。足についている泥をとって、蹄鉄をきれいに洗う。えさもやるわけだ。

朝は起床ラッパで六時に起きて、すぐに庭に並んで点呼、それから兵舎に帰ってしばらくすると「飯あげ！」と言う。すると炊事当番が朝食をもって来てみんなに分ける。それを食べて今度は食器を洗いに行かなくてはならない。兵舎を出てちょっと行くと小川が流れていて村の人が洗濯などをしている、そこで食器を洗うのだ。そこへピーナッツを売りに来ると、みんなピーナッツを買う。お金は大した額ではないが、毎月支給されていた。ほんとうは買ってはいけないことになっているのだが、おなかが空いているからみんな買って、ポケットに入れて帰る。ときどきポケットを出せ、と言われると皮がいっぱい出て来る。そういうところで買うのは衛生上の問題とか、毒物が入っているかもしれないというようなことで禁止されていたけれど、日曜日に町に行って中華料理などを食べるのは許されていた。その中華料理がまたおいしいのだ。日本流の中華料理とまったく違って、ほんとうに中国の田舎の人が食べるもので材料なども違っていた。

朝食が済んでしばらくすると演習がある。午後もまた演習で、夕食は五時くらいだったか。それから日によって入浴があった。

演習から帰って夕食までの間、ときどき時間があると酒保に行く。今日は何々が入荷したという伝令が来ると、みんなわあっと買いに行く。酒保は狭いので、もって帰って食事のあとに食べることになっていたが、みんなそこまで待ち切れないでトイレの中で食べたりするわけだ。

消灯は八時、それが一日の普通のスケジュールだった。

最初の休みの日、外出する人は整列してコンドームを渡される。はじめてそんなものを持たされて、へえーと思ったものだ。

このようにして私の軍隊生活は一九四一(昭和十六)年の一月四日か五日頃から、河南省の蘭封ではじまった。その頃の中国大陸のまん中はものすごい寒さで、私は昔から冬になると風邪を引いてぜんそくが出る傾向があったが、訓練の期間は風邪も引かずきびしい訓練を終えた。

予備士官学校と病院を往復

訓練が終わったときに蘭封の町の広場に集められて、連隊長から一期の訓練をよくやったというような訓示があった。その連隊長が訓示を終えるといきなり、「ところで沢田二等兵はいるか」と言うので、仕方なく連隊長の前に出ると、「元気でやっとるか」と言われ、あ、これは父のことがあるからだと思ったけれど、それだったら式の終わったあとで私を呼び出して言葉をかけてくれるのなら話はわかるけれど、式の終わった瞬間に、みんなの前でそんなことを言うとはどういう人だろう、何と非常識な人かと思ったことがある。

それが終わると、私たちは今度は幹部すなわち将校になる訓練を受けるために、各部隊のそういう人たちが集まって、一般の兵隊さんたちと離れて別の場所に行くことになった。それは河南省の首都である開封だった。

ところがそこに行く前に、私は風邪を引いて熱を出してしまったので、蘭封の、前に言った慶應の医学部の助手だった菅原という軍医さんに見てもらったところ、小学校四年で東京に出て来たときに、当時肺尖カタルと言われていた病気に罹ったので、そのあとが左胸にあり聴診器を当てるとラッセル音が聞こえる。その軍医さんは自分も慶應の助手だし、私が慶應の哲学科の助手であることもわかっていたので、第一線に残してうっかりすれば戦死するよりも、帰って勉強をつづけた方がいいと思ったのではないか。現地ではレントゲンもないし、万一結核に冒されていたら軍隊では一番怖がるわけだから、開封の近くの新郷というところにある陸軍病院に入院するように手続きをとってくれて、私はそこに入院することになった。

陸軍病院でレントゲンなどをとって検査した結果、その肺のかげは現在のものではなく過去のものだとわかって、そこに四、五日いただけで退院させられて原隊に戻り、すぐに開封の幹部候補生隊に入って、そこで将校になるための訓練がはじまった。

入院から帰ったばかりだったが、その訓練には何とか積極的に参加した。たとえば夕食が終わってもまだその頃は日が長かったので、また集合させられて、体力をつけるために兵舎の周囲を三十分くらいぐるっと走らされたが、私はいつも一位か二位だった。それは早いというのではなくて長距離だったからだ。私はもともと百メートルだと大体ビリッコなのだけど、長距離はわりに平気でつづけられた。

そんなことでずい分認められて、幹部候補生隊の訓練としてはいい成績を残した。最初の方は入院していたから欠席したが、案外いい成績を残したので、やっとビリの方で合格した。それで予備士官学校へ行く資格を与えられたわけだ。予備士官学校を卒業すれば、見習士官、つまり少尉の一つ前の階級になる。

その予備士官学校は京漢線の、北京から開封へ行く途中の保定《ほてい》というところにあった中国の軍監学校の建物を日本軍が接収して、そこに作られていた。

予備士官学校には夏くらいに入って、三、四か月いた。最初のうちは暖かかったけれど、少したつと寒くなってまた風邪を引いて熱を出した。それで今度は北京の陸軍病院に送られてそこで過ごすことになった。

その前にちょっと思い出したことがある。まだ病気をする前に、ある日呼ばれて保定の駅へ行けと言われた。そこである将校が私に父からことづかった軍刀を持って来ているので、それを受け取って来いということだった。予備士官学校を卒業すれば将校になるから、兵隊さんと違って早速軍刀が必要になる。それで父が私のためにその将校にたのんでとどけてくれたらしい。夜だったけれど、一人保定の駅に行って汽車の着くのを待っていたとき、もうそろそろ寒くなる頃で、駅の前に石焼き芋を焼いている人がいて、それを買って食べたときのうまかったことをいまだに覚えている。

その軍刀は父が私のために作ってくれたもので、それを受け取って兵舎に戻った。しかしそれを受け取ってしばらくしてから、私は熱を出してまた病院に送られた。その北京の陸軍病院で、私の隣のベッドに同じ幹部候補生で同じ部隊だが連隊の違う、しかも慶應の卒業生である酒谷という男がいた。彼は肋膜の気があって入院したらしいが、経済学部の出で、林芙美子の作品が好きで、彼ともっぱら文学や哲学の話をしていた。

同じ大学の出身でもあるしとても話が合って、唯一の親しい友だちになったのだが、ある日彼が急に熱が高くなって特別室に移された。私は一人になって淋しいなと思っていたら、二、三日たって彼は亡くなってしまった。確か粟粒結核で結核菌が脳の方に入ったということで、彼のお通夜とお葬式に私も立ち合った。軍隊に入ってはじめてできた親しい友だちを、しかも病院で喋っているうちに亡くしたということで、とくに印象に残っている。

これは後のことになるけれど、蒲田で私が毎月やっていた大田区の主婦を中心とした哲学の会に彼の妹が偶然現われ、私の講義を聞いたということがある。

北京の陸軍病院は、そこで病状が悪くなると、さらに後送ということで日本内地の病院に送られる。あるいはもう軍隊には向かないとなれば日本に返されて軍務から解かれる。そのどちらかになるわけだが、そこに入院している人たちは、みんな何とかして日本に帰りたいので、いかにして熱が下がらないようにするかをそれぞれ考えているわけだ。中には醤油をたくさん飲んだら熱が下がらないとかいう話もあった。

私自身も軍人ではあるが名誉ある働きをしようなどという気は全然ないから、もし後送にでもなれば一番ありがたいなと思っていた。そこで一月半くらい様子を見て、昔の肺尖カタルがあったために病気が長くなったらしいから、少しゆっくりして原隊に帰ったらいいということで湯山《たんざん》に送られた。湯山は蔣介石の一族の別荘のあった非常に景色のいいところで、当時ここに病棟を建てて、長期間かかる入院患者を療養させるという制度があった。結局そこに二週間くらいいて原隊に復帰となった。

ところがほんとうは予備士官学校に帰らなければいけないのだが、私が入院している間にみんなは卒業して、見習士官になって原隊に復帰した直後だった。それで私は日数が足りないから、そこの教育隊を除隊になってまた原隊に復帰することになった。ということは、私は幹部候補生の試験に通らなかったわけだから将校になれない。そこで乙種幹部候補生として原隊に戻ることになった。乙種には軍曹の資格が与えられる。

原隊に復帰して炊事係

それでまた京漢線に乗って蘭封に帰った。そして軍曹としてもとの第二機関銃中隊にいたところが、遠藤という中隊長が、自分のところにそういう司令官の息子を抱えていることで苦労したのではないかと思う。ふつうなら病気が治って帰って来たのだからこき使われるところを私の健康のことをおもんぱかったのだろう、中隊の炊事係の軍曹にしてくれた。

炊事係は経理部に属していて、経理の一環として食事を作るのだが、一日のカロリーと値段が決まっている中で、朝昼晩の食事の献立を考えて材料を揃えるというのが仕事だった。

普通はそういう炊事係の仕事などというのは軍隊の中でみそっかすなのだが、おそらく中隊長は私が軍隊の中で出世しようなどとは考えていないことがわかっていただろうから、体のことを考えてそうしてくれたのだろう。そうすると食事さえ作っていれば演習には一切出なくていい。それも兵隊さんがいるから私は献立を作って渡せばあとはみんながやってくれる。おまけに食べるものはほかの人よりよけい食べられるわけだ。

その頃そろそろ食事が不自由になって来て、それまでは麦が入っていても白米のおいしいごはんだったのが、ヒエとかアワが入るようになっていた。けれども、作っているから量はたっぷり食べられたし、演習には出ないから、食事を作ってあとは本を読んでと、私には非常に楽な仕事だった。

その頃覚えているのが、黄砂という黄色い砂が巻き上がる現象。これが起こると太陽が見えなくなる。そして目張りをしていても家の中に砂が入って来る。まして演習はできない。ということは鉄砲や何かにみんな砂が入ってしまうのだ。そうすると壊れるのが早くなるから、黄砂があれば演習はしない。しようにもともかくまっ暗に近い状態になる。そういうことによく出合った。そんなわけでこちらは演習しないで食事を作っていたが、そこで新しく学んだことがある。

帰ったときは蘭封だったが、それからしばらくしてわれわれの部隊は、蘭封から行軍して丸一日くらいかかる東明《とうめい》というところに移動した。東明で今度は大隊の経理部の仕事として食事を作ることになったが、そこで兵隊さんのお米をけずって、あるところに持って行かなければならないことがわかった。あるところというのは、休みの日に兵隊さんたちが外出したときに行く、女たちを抱えている店だ。日本人がそういう店を経営していて、そのために彼らには部隊からお米を支給してやらなければならない、という事情があったわけだ。中国の奥地だからそういうお米を別途に出すわけには行かないので、兵隊さんたちの分をけずってそれに当てていることに気がついた。

その頃大隊で剣道大会があった。私は昔中学で剣道をやっていたので、出ないかと言われて出場したら、かつて初年兵のときに教育をしてくれた下士官たちみんなに勝ってしまって、とうとう私が大隊で一位となって優勝した。そのとき同じ部隊で私より一年か二年先輩に、早稲田の剣道部の主将だった大岡という将校がいて、私が一位になったというので、おれとやらないかと言われ彼と試合をしたが、まったく問題にならなかった。小手を打たれたらピリーっとしてしまって、やっぱり早稲田の剣道部の主将だけあると思った。彼はいつも大会の審査に当たったりしていたが、私は大隊で優勝したからビールを一ダースもらって、それを経理部の炊事班の兵隊さんたちに分けて飲ませてあげた。

それからもう一つ覚えているのは、ある日食事が済んで夜になってから、私の中隊付の将校当番がやって来た。今将校たちがお酒を飲んでいるのだが、炊事係のところに行ってなにか酒の肴をもらって来いと言われたというのだ。それで私は、「食事じゃなくてお酒を飲んでいるのに、そういう食料はない。欲しければ町に行って買って来いと将校たちに言え」と言って追い帰した。

実はその男には戦後になって会ったことがあるが、あのときは驚いたという。私はそのとき軍曹だったから、自分の中隊の将校から何かもらって来いと言われたとき、それを断って「そんなものは自分で買って来い」などと言われるとは思わなかった、すごい人だと思ったと言っていたが、私は筋が通らないことは直してやろうという気持ちがいつもあって、それで反対したわけだ。

普通だったら、そんなことをしたらその将校にいじめられたり、中にはそのことで重営倉に入れられたりということがよく現地ではあったのだが、もしそれが裁判になったら私のような立場にいれば負けることはないという自信があった。

軍隊としてやっていいことと悪いことがある。ところが現地では、やってはいけないことでもやっているわけだ。たとえば古参の兵隊が初年兵をぶんなぐる、それは軍隊の中ではやってはいけないことなのに習慣のようにやっている。だからもし私がそれを否定しようと裁判にもって行けばきっと勝つに決まっていると思っていた。私もぶんなぐられたりしたけれど、感情的な意味でぶんなぐられるわけではないから、何とも思っていなかった。

作戦情報部に入る

東明で炊事軍曹としてやっていたときに、何かの用事で開封の師団司令部に行った。そこでかつて入院していたとき私の隣のベッドに寝ていた川田という男に会った。彼は慶應のそばの赤羽橋付近のお菓子屋さんの息子で、ときどき家からおまんじゅうなどを送って来るとこっそり私にくれて、毛布をかぶって食べたりしたことのある仲なのだが、師団司令部の情報部に勤務していた。

その彼が、私を師団司令部の情報部で勤務させるという話があると耳打ちしてくれた。そうしたらそのうちに命令が来て、私は今度は第二大隊の第二機関銃中隊から離れて、師団司令部勤務ということになった。そこで東明から河南省の首都の開封に行った。そこには河南大学があったのだが、その校舎が師団司令部になっていた。ということは、大学はなくなっていたのだろう。

師団司令部には参謀本部があって、そこに参謀部と作戦情報部があり、私はその作戦情報部に軍曹の位で勤務することになった。

到着するとすぐに参謀長に呼ばれたので、部屋に入って、「沢田軍曹参りました」と言ったら、参謀長が、「うん、大きくなったな」と言うのだ。「君は知らないだろうけれど、君のお母さんが阿佐谷で亡くなったときにお悔やみに行った。君はまだそのとき小学生だった」と言うので、へえーと思った。そのとき、「君はお父さんのことがあるのだから、みんなに後ろ指を差されないようにちゃんとしなさい」と言われた。私はそんな後ろ指を差されるようなことをする気持ちもないから、はい、ということで帰って来た。

その情報部の主任将校が、大野一雄という大尉だった。この大野さんは、帝劇や浅草オペラで有名な舞踊家の石井漠の弟子で、後に彼自身も高名な舞踏家になったが、私はその下で働くことになったわけだ。

開封の情報部に移ってから、私の仕事はもっぱら共産軍の情報をとり扱うことだった。当時蔣介石の軍のほかに共産軍（八路軍とも言った）がいて、資本主義がどうとかいういろいろなビラをまく。それに対してどうも軍人さんというのは、何のことかわからないらしいのだ。それで君は哲学をやっているのだから、そういう共産軍の情報を主としてとり扱ってくれということだった。実際やってみると、蔣介石の軍の情報も入って来る。どっちがどっちかわからないから結局両方ともやったが、その当時野坂参三たちが延安にいて、日本軍あてに長い文章を書いて撒いていた。その理論的矛盾を突かなければならないわけだから、これは確かに軍人さんにはわからないかなと思ったりしたものだ。

そんなふうに、もっぱら情報を集めて、それを作戦にどう使うかという仕事を、司令部のある開封ではじめた。主任将校は大野大尉で、その下に私が軍曹としていて、兵隊としてさっき言った川田がいた。私としては芝浦から初年兵として連れて来られ、一緒に寝て、しかも隣で毛布をかぶっておまんじゅうを食べたりした仲だから、非常にやりやすかった。そこにはもちろん曹長が一人いて、その人は東京の三越の店員だった。川田のほかにあと二人か三人いたと思うが、情報部という部屋が一つあって、そこで仕事をしていた。

その仕事について話すと、情報を集めるわけだから、情報部として中国人の密偵、つまりスパイをたくさん使っていた。そのスパイの長は、開封市内の大きな家に住んでいて、休みの時は情報部のわれわれもそこに行って酒を飲んだりした。ウィスキーやら何やらあらゆる種類のお酒が揃っていた。

情報部には各部隊からいろいろな情報が来る。どこで敵が現われ、どこで交戦をしているという情報が来ると、それをもとにして地図の上に赤で「敵はいまここに出て来た、味方はいまここにいる」と書き込む。それはたえず変わるので、そういうものを大きな地図の上に書き込むことも仕事だった。

それからそういう情報を書類にして、毎月大本営に送るのも仕事の一つだった。そのほかに、鉄道が爆破されると情報将校が参謀長に状況を報告して、どういうふうにしろという指示を受ける。場合によっては情報将校がそれをやることもあった。夜になると将校たちは町の中の将校宿舎に帰るので、司令部には下士官以下のものしかいない。それは日本内地でもそうで、兵隊さんや下士官は兵営の中に住んでいて、将校はそれぞれ町の中にある自分の家から通っている。

そういうわけで、夜は大野さんも自分の部屋に帰っている。しかし必ずしも部屋にいるとは限らないで、どこかお酒を飲みに行っていることも多い。夜、私が寝ている部屋に、爆破があったけれどどうしますか、と電話が掛かって来ると、ほんとうは大野さんに報告しなければいけないのだが、夜大野さんは大体部屋にいない。しょうがないから直接参謀長のところに電話をする。参謀長は、ではこうしろと言って自分でやることもあるし、私に処置を命じて私がそれを各部隊に伝えることもあった。新しい参謀長（小林という人だった）に代わった頃には私はすっかり慣れたもので、参謀長に報告すると、「よし、よきにはからえ」と言われ、私が各部隊に命令して、ではこれこれをして下さい、と連絡することになってしまった。

情報部の仕事として、作戦はもちろん師団長が決めるのだが、私たちのいたときは、太行《たいこう》作戦と言って太行山脈の方にいる共産軍を討伐するというのがあった。そのときはその近くまで司令部が動くから、師団長、参謀長、そして作戦情報部が一緒に動く。作戦があると出張して、作戦のための情報を次々に入手することもあった。作戦が一段落するとまた開封に戻って来るわけだ。

その当時、蔣介石軍が日本軍を防ぐために、開封のちょっと先あたりで堤防をくずし、黄河の流れを南の方に変えて日本軍が渡れないようにした。そのもとの黄河の跡で演習したりしたものだ。だから黄河を挟んで向こう側には蔣介石の部隊がいつもいた。一方の共産軍はゲリラのように方々に移動していた。共産軍の本拠地は延安だからかなり奥地の方だ。

私が情報部に移ってから、昭和十六（一九四一）年の夏、十七年の夏と二つの大きな太行作戦があった。その作戦が終わったとき、その結果を北京にある北支軍の総司令部に、六、七人乗りの小さな飛行機で報告に行かされたこともある。

見習士官

もう一つ東明から開封に移る前に、言っておかなければならないことがあった。

その当時私は乙種幹部候補生だったが、その乙種の人に対して将校適任証という制度があった。試験をして、一年くらい遅れるけれども、甲種幹部候補生と同じようにその中から将校を選ぶという制度である。それで師団から連絡があって、その将校適任証の試験を受けろと言って来た。こちらは受ける気はなかったのだが、仕方がないから師団司令部に行ってそこで五、六人一緒に試験を受けた。

その試験に受かって、将校として認められるまでにはしばらく時間が掛かる。だから私が開封に移ったときは、試験を受けたあとではあったが、まだ乙種幹部候補生のままでいたわけだ。

それでもっぱら大野さんのもとで情報の仕事をした。（小さいとき私の家に来たという）参謀長が交替になって、新しく小林という人が参謀長になった。私は案外その人と気が合って、私のことをよく可愛がってくれたが、戦後私が東京に帰って窪田澄子と結婚したときに少将だった窪田の父とその小林参謀長は同期だったらしいとわかった。

あとで聞いた話では、乙種幹部候補生から将校をとるときに、何も将校適任証は必要なかったのだが、どうも私を将校にしなければ父に申しわけがないと思ったらしく、将校適任証の制度を利用して、私のほかにあと二人くらい将校にした。あとの二人はもう師団ではいらなくて、よその師団に転属させてしまったらしい。昭和十七年に二回目の太行作戦があった頃、将校適任証の結果が出て、私は見習士官になった。

見習士官になって最初の仕事は、週番士官として朝六時に起きて点呼をとることだった。それまでは点呼をとられる方だったのが、今度は点呼をとる方になったわけだ。

師団司令部のあったところはもとの河南大学で、非常に広いそのキャンパスの西の端に有名な開封の鉄塔があった。点呼のあといつもその鉄塔をぐるっとまわって駆け足をする。点呼をとられているときは、私は一番最後でふらふらしてついて行ったから、今度は週番士官として一番先に立って走るのに、走れなかったらどうしようと心配したが、案外息も切れないでどんどん走れる。やっぱり前に立ってみんなを引っぱって行く立場と、一番後ろで仕方なしについて行く立場とでは、心理的に違うということがよくわかった。

そういうふうにして、まだ司令部の兵舎の中に住んでいたが、見習士官というのは将校待遇だから、勝手に外に出ることもできるし、日曜日にも門限はない。それまでは営門のところに営門衛兵というのが何人かいて、そこを通るときはこちらが敬礼して通らなければならなかったのが、今度は見習士官は士官待遇だから、その前を通るときに向こうが全部立ちあがって捧げ銃をやるわけだ。

そのようなことで多少楽にはなったが、やり慣れた作戦情報の仕事をずっとつづけていた。各部隊の部隊長はだいたい大佐や少佐などの佐官だけれど、その人たちが情報部にやって来て参謀長に話を聞いたり、われわれのところに来て連絡をしたり資料をもらったりするわけだ。そのとき私自身はまだ軍曹の位なので、ほんとうはこちらの方が丁寧な言葉を使ったり、敬礼をしたりしなくてはならないのに、師団の参謀本部にいると、部隊長の方がわれわれ下士官の位しかないものに対して非常に丁寧で、向こうから頭を下げてやって来る。それを見て、政治の世界でも、地方の知事さんが中央の官庁に来ると、実際には相手の位が低いのに、自分の方から頭を下げるとよく聞くけれど、それと同じことが軍隊でもあるのだなと思った。

実際に戦闘するのは地方に駐屯している部隊であり、師団司令部はそれを統括する事務をやっているだけなので、どっちが偉いかというと現地の部隊の方が偉いに決まっているのに、やはり師団長や参謀長のいる司令部が偉いと思う感覚、そして下士官であっても司令部の仕事をしている人に対して頭を下げるという、何か日本人に共通の、中央機関に対する地方のコンプレックスのようなものが、軍隊でも同じようにあるのだなと感じた。

師団司令部にいる間は、伍長の位のときにも見習士官になってからも、昼休みによく師団長、参謀長その他多くの将校が集まってバレーボールをやった。ちゃんとコートがあってネットが張ってあって、適当に二組に分かれてやったが、そのときには階級の差は何もなくてお互い同士競技に熱中した。

私の上司の大野一雄さんは、前にも言ったように石井漠の弟子で舞踊をやっていた人だが、非常に人の好い人で、私が将校になる前にも自分の宿舎に呼んでごちそうしてくれたりした。私が見習士官になれば将校待遇になるので、いろいろな仕事をうまく二人でやっていた。

そのときのことで思い出すのは、使っている密偵の中に敵のスパイがもぐり込んでいるというので、朝早くそのスパイが密偵長の家に現われるのを逮捕するために、私が拳銃を持って待ちうけていたことがある。万一の場合には撃ち合いになるかもしれないということだったが、やって来たところをそのまま捕まえて、別に拳銃を撃ったりすることはなかった。

南方戦線への移動

そうしているうちに一九四二（昭和十七）年の終わりになって急に南方に移動ということになった。南方に移動するとなれば、部隊の書類をはじめいろいろなものを、持って行くものと捨てるものに分けて整理しなければならない。こちらは見習士官なのでさんざん使われて、移動のための仕事をやらされた。

十二月だったか、一月に入ってからだったか、開封から第三十五師団全部がまた軍用列車に乗って、徐州を通って青島《ちんたお》に行き、そこで船に乗ることになった。船を待つ間一週間ばかり、ちょっとした洋館にわれわれの司令部があったのでそこにいた。そしていよいよ青島に船が入って荷物を搭載しなければならないときに、私はその荷物搭載の監督の将校にさせられて、大きな船倉に師団の持っている荷物を、これはどこに、これはどこにとうまく仕分けしながら納める総指揮官をやらされた。これは大変な仕事だった。

そのとき司令部の荷物だけではなく第三十五師団のものを全部積み込むので、船倉がいっぱいになってしまった、船の方からは海軍の少尉か何かが出て来て、彼と二人でやったのだが、荷物がどんどん多くなると、海軍の将校はこんなに積んでは危険だと文句を言い出す。こちらはしかし師団の荷物を全部積まざるを得ない。

ピンポン台を積み込んだりすると、その海軍の将校は、「何だこんなもの。貴様らはピンポン台なんかを持って行くのか」と文句を言って来る。こちらはそう言われてもしょうがないので、ともかく全部積まなければならない。すると「陸軍の野郎！」とか何とか言って食ってかかって来るので、こちらも思わず「何をこの海軍野郎が！」とか言ってけんか腰になったりした。ともかくこちらは命令によって積み込んでいるのだからしょうがない、と言ってむりに積み込ませた。

船は青島からほんとうはそのまますぐパラオに向かうはずだったらしい。私は司令部にいたから、パラオに行くということは知らされていた。そのときは大きな船が何隻かいてその周りを海軍の魚雷艇や何かが敵の潜水艦からの攻撃を防ぐ目的で警備していた。

しばらくして急に事態が何か変テコなことになった。というのは行先が変わったらしい。私は将校ではあったが、船の上の方の将校室ではなく、師団司令部全体が一個の中隊のような形、つまり作戦情報部と宣伝部を一緒にして一個中隊くらいを編制していたので、その中隊長のような形でときどき上の将校室には行くけれども、大部分は船底にいる兵隊たちを監督するためにそこにいた。

船底なので敵の潜水艦を爆破する魚雷が水中で破裂する音がものすごく響く。そういう音が聞こえだすと敵の潜水艦が来ているわけだから、もし魚雷が船に当たったら船底にいるわれわれが最初にやられることになる。そうすると外に出るには、何段にも仕切りがしてあるところの狭い階段を幾つもあがって行かなければならないから時間が掛かる。だからもしそうなったら御陀仏だと思っていたが、途中で急に行先が変更になった。どこに行くのかしばらくはわからなかったが、結局横浜に着いてしまったのだった。

一晩だけ阿佐谷の家に泊る

横浜に着く前に小林参謀長が私を呼んで、これから自分は大本営に地図を受領に行くからおまえはついて来い、そして一晩家に泊ってきてもいいと言う。参謀長は誰かを連れて行くのだったらと、特別に私のことを考えてくれたらしい。その頃父は目を悪くしてもう予備役に入っていて、たまに参謀本部の作戦何とかいうところに行くという、いわば閑職だった。

部隊が南方に行くことがわかったが、開封にいる頃から南方というと、すぐに暖かでヤシの樹があって、バナナがいっぱい実をつけていて、夕陽を見ながら原住民のおどりを見ているというような、非常に気楽なイメージがあった。実際にはそんなことはひとつもなかったのだが、私の頭の中には、今までよりは暇があるだろう、しかも今度は将校として行くのだからという思いがあったので、家にあったギリシア語のアリストテレスの形而上学「メタフィジカ」のほか何冊かの哲学の本を小さなトランク一ぱい、と言ってもせいぜい十冊くらいだったか、それと、そのときうちにあった父のコンタックス（写真機）を持って船に帰ることになった。

そのときうちには父と母と、いとこの伸子《のぶこ》や甲子《まさこ》もいた。それでうちにはあまり食べるものもないし、阿佐谷の駅のそばの食堂には食わせるものがあるから、と父が言って、その頃もうはじまっていた配給の切符をどこからか持って来て、その食堂で何か食べさせてくれた。何を食べたかは忘れたけれど、こちらは食べものよりも久し振りにみんなに会って、哲学の本をまた持って行くということに関心が向いていた。

朝、参謀本部に行って、参謀長と一緒に地図を受領して横浜の船に帰ったが、みんなが「沢田さんものすごくきれいになった。まるっきり顔が変わった」と言うのだ。こちらはふだんと同じで何もお化粧したわけではないのに、やっぱりむさくるしい戦争仲間の兵隊さんの中にいるのと、うちに帰って両親や伸子や甲子らと会ったりするのとでは、一晩のことだのにその気持ちの違いが顔に出るのかなと驚いたことがある。

少尉としてニューギニアへ

船に乗ってまた横浜を出発し、最初に停まったのが小笠原諸島だった。そこに二日くらい停泊した。父島だったか母島だったか、そこで下船してもいいというので私も降りて、島の見物などをした。そこからまた出発して船団を組んで南へ下る。船がどこに行くのか最初はまったくわからなかったが、パラオへ行くはずだったらしい。ところがわれわれの船団がパラオに近づく一週間くらい前に、パラオがアメリカ軍の空襲を受けていたために、港の周りに爆雷などが落としてあって、それを除去しなければ危なくて船が入港できない。それでしょうがないからグアム島に寄ることになって、あしたの朝グアム島に着くというときに、今度はまたパラオの方の準備ができたというので、引き返してパラオに向かってやっとそこに着いたわけだ。そこで船を降りて荷物などを全部降ろしたのだが、その船がパラオを出たとたんに、爆雷に触れて沈没してしまった。一万トン以上あった大きな船だったのだが――。

パラオ島の島と島との間はまだ橋がなくて小さな船のようなもので連絡していた。それで今度はパラオの山の中にテントを張って、そこが司令部になった。

パラオに行ったときにはじめて問題になったのは、マラリアもあったけれど、デング熱が大変はやっていたことだった。これは蚊にさされてなる病気だ。そこでしばらくいるうちに私は蚊に刺されて熱が出てしまった。ちょうどその熱が出た頃に、われわれはパラオからニューギニアに行くことになって、今度は軍艦が来た。しかし私は熱を出しているので、参謀長から、ほかの何人かの同じような症状のものと病院にしばらく残って休み、後発の船に乗って来い、と言われた。それで私は、ではそうしますと港で言っていたそのときに、私のところに本部から電報が来て、見習士官から少尉に任ずるということで、パラオの埠頭で少尉に任官された。

第四章　飢えとマラリアとの闘い

マノクワリでの生活

三、四日たって次の船が来たので、私のほかに何人か乗り込み、ニューギニアの一番西の端にあるソロンという大きな軍港に向かった。そのあたりは赤道直下で、ほんとうに海がきれいで静かで、そういうところを巡洋艦に乗って行った。

ソロンに着いて、そこから私たちが行くのはもっと東の方の、マノクワリというところだった。大きな船では行けないので、ダイハツとか小さなカツオ船とかいう、せいぜい十人乗りくらいの船に分乗して、昼間は陸地にあがって木陰に隠れ、夜だけ航行するのだ。敵の飛行機や軍艦が絶えず来るから、その目を避けるためにそうせざるを得なかった。

船は昼間は湾の中に隠しておいて夜はそこに泊るのだが、湾といってもちゃんとした桟橋があるわけではないから、小さなカツオ船でもそのまま陸地につけられるところとつけられないところがある。

あるとき、船がつけられないので私が一番先に飛び込んだら、背の高さよりもっと深いところだったのでいきなり水をかぶった。軍装しているものだから、水の中を一所懸命歩きながらやっと首だけ出すことができて、陸地に這いあがったなどということもあった。おかげで、当然持っている軍刀や拳銃、これはみんな保定の予備士官学校にいたときに父がくれたものだが、そんなものは海水につかって実際には使えなくなってしまった。

四、五日ほど掛かってやっとマノクワリという大きな湾に面したところに着いた。そこにはちゃんと桟橋もあり、先に行った第三十五師団の司令部があった。司令部は山の中腹に仮に作ったニッパハウス（ニッパやしで屋根をふいた住居）で、そこに参謀長や大野一雄さんたちもいた。そこには第三十五師団ばかりでなく、港の方には海軍の部隊、山の方には高射砲部隊もいた。

まだ道ができていなかったので、最初のうち多くの部隊は道路を作ることばかりやらされた。食べものは、中国にいるときも最後はアワの入ったごはんを食べさせられたが、マノクワリではもっと貧弱になって、わずかな食料しか与えられなかった。その上蚊に刺されると必ずマラリアになるという。私はその前にデング熱にやられたから、一所懸命気をつけて刺されないようにしたが、部隊全体では昼間は道路建設にみんな働かされ、食べものは少ない、そして暑い、蚊に刺される。そこでマラリアに罹るものがどんどん出て、死んで行く人が増えてきた。

このマノクワリの軍港にはたくさんの部隊が集まっていた。それはミッドウェー海戦で日本軍が壊滅的打撃を受けたあと、アメリカとオーストラリアの補給路を遮断するため、日本がニューギニア方面作戦を実施しようとしたからだ。そこには前からすでに三井農場があって、お芋を作ったりいろいろなことをしたりしていたが、その頃、つまり昭和十八年は、二月にガダルカナルから日本軍が撤退し、五月にはアッツ島守備隊が全滅して、日本の海軍が大打撃を受けていたときだ。大本営発表は相変わらず景気のいいことを言っていたが、敵がどこまで攻めて来たかということは、そのときどきの電報でわかる。それによると敵がだんだんわれわれの方に攻めて来ているという状況だった。

現像液と不発弾

上陸して一週間くらいたったときだったか、その頃からときどき敵の編隊飛行機がわれわれのはるか上空を飛んで行く。私は飛行機が来たら、それを写真にとっておこうと思っていたのだが、そんな山の中にいたので、フィルムはもっていたけれど現像液がない。ひょっと思いついて海軍の部隊に連絡して、現像液があるかと聞いたらあると言う。わけてあげてもいいと言うから、ではもらいに行きますと言った。

翌朝、これから現像液をもらいに行くんだとよろこんでいたら、私たちの司令部のある山のわきから飛行機が急に出て来た。あっ、日本軍の飛行機がやって来たのかなと思っていたら、案に相違してボンボンと爆弾を落としはじめた。とくに海軍のいる港の方を中心に爆撃したので、何の連絡もなかったけれど、私は大あわてで空襲警報を鳴らした。そういう情報があれば空襲警報を鳴らすのは私の役目だったから。それであわててやったがもう間に合わなくて、港の方はさんざん爆弾でやられてしまった。

やっと敵がいなくなったので、現像液をもらいに行こうと港の方に下りて、海軍の部隊のところまで行ったら、何とみんなが外の道路に出て椅子に腰かけている。どうしたんだと聞いたら、さっきの空襲で不発弾が自分たちの兵舎のまん中に落っこちていて、いつ爆発するかわからないからみんな外に出ているのだと言う。現像液はどこにあるんだと聞いたら、ちょうどその不発弾の落ちたすぐそばの兵舎においてある。だけどすぐ外に不発弾があって危いから行くなと言うのだ。

でもこちらは欲しくてしょうがない。不発弾がいつ爆発するかわからないけれど自分が行っているときに爆発することはめったにないだろうと思って、私が行くと言ったらだめだと言う。どうしても行きたいと言ったら、ではお前の責任で行けと言うから一人で入って行って、言われたところを探したらやっと現像液があった。それでひょっと窓の外を見たら、ほんとうにその窓のすぐ外に大きな爆弾が落ちたままになっているのだ。長さ一メートル五十センチ、直径五十センチくらいか。さすがに早くやらなければと思って、大急ぎで走って帰った。しかしそういうふうになってみると、現像液だけもらっても、現像するための容器もないし、実際にはどうしようもなくて置いたままになっていた。

〝アリストテレス〟を焚書

最初に空襲を受けたあとは二日に一回くらい敵の飛行機が来ていた。最初はアメリカの飛行機がはるか高いところからだんだん下がって来る。それに対してわれわれの方の高射砲がそれを撃つ。するとその高射砲のあるところを目がけて爆弾を落とされる。だから敵襲ということになると、われわれはすぐジャングルの中に隠れるのだ。ジャングルは日本では考えられないくらい背の高い木が、はるか上の方に茂っているから、その中にいると敵から見えない。こちらからも敵の飛行機が見えない。ただ爆弾を落とされるとバアーンという音は聞こえる。そういうことがたびたび起こった。そうするとだんだん敵が近くなって来たことがわかるわけだ。

最初は全部アメリカの飛行機で、双胴のロッキードだったけれど、そのうちに今まであまり見ない飛行機が飛んで来るようになった。それであれっと思ったのだが、そのころから英印軍の管轄になったらしく飛行機が英国のものになった。

われわれのいるマノクワリのすぐ前には、ビアク島とヌンフォル島という二つの島があって、そのヌンフォル島に、当時私の所属していた第二十九連隊の第二機関銃中隊が警備に行っていた。私自身はその部隊から転属になって、司令部の作戦情報部勤務でいたから行かなくてすんだが、そのビアク島やヌンフォル島に行った人たちは、ほかの部隊の人も含めて全部空襲や艦砲射撃を受けた。その音が聞こえるとああみんながやられているんだなと思った。結局そこで敵は島の日本軍を全滅させて上陸した。だからもし私が同じ部隊の将校でいたら、初年兵以来一緒にいた連中と同じようにやられてしまったわけだ。

そういうことが起こって、海上はちょっと出るとすぐに敵の艦船に見つかってやられるから船で海に出ることもできない。またそんな大きな船もないし、漁船で出てもすぐに飛行機に見つかる。陸上はジャングルで覆われているから、陸地でありながら一つの場所から他の場所に移動するには、海岸線を通って行く以外にはほとんど道がない。川があっても橋がない。山の奥の方にはパプア族という原住民がいる。そういうことでまさに陸の孤島だったので、われわれはそこから動くことができないでいた。

だんだん戦局が激しくなったので、その頃になって第三十五師団の司令部がもとのソロンの方に移ることになった。司令部が移るというけれども、師団そのものはすぐには移れないわけだ。移るのは師団長と参謀長と参謀の何人かということになって、夜飛行機がこっそり来て、マノクワリの小さな飛行場にとまり、そこから師団長と参謀長たちがソロンに向かって飛び立つのを見送って、私たちはもとの宿舎に戻った。

そうやって司令部はソロンの方に移ってしまった。大野さんたちはまだ残っていたけれど、司令部が移ってしまったから情報の仕事をする意味がなくなった。情報の仕事は師団長、参謀長がいてそれに付随していたわけだから、二人とも向こうに行ってしまったので、こちらはあとに残って何の仕事もない。その頃になるとますます食料が不足して、みんな餓死していくので、道路だけは何とかできたが、あとは畠を作ってサツマイモやタピオカを植えることになり、三井農場が持っていたお芋のつるを各部隊がもらって来てそれを植えた。三井農場の人はまだ少しは残っていた。

その頃はたまに空襲はあったが、そんなにはげしいものではなく、もう前線は先に進んでいて、私たちのところはとり残されているという状況だったから、ときどき空襲があるという程度だった。むしろ、ジャングルの木を切り倒して畠を作るというのが大仕事だった。ジャングルの木といっても十抱えもあるようなのがザラにある。そういうのを切るのこぎりは、海軍や三井農場にあったものを各部隊に少しずつ分けた。木を切るのも大変な時間が掛かる。もっと大変なのは根っこを掘り出すことだ。そんなことを少しずつやって木をなくして畠を作るわけだ。

その間にもマラリアで死んで行く人の数はいっこうに減らない。最初十万人近くいたのが最後には数万人になってしまった。そんなに大勢の部隊を駐屯させたのは、豪州作戦の基地にしようとしたからだが、もう食料を運ぶための補給線も作れなくなっていた。

その頃われわれ参謀本部の作戦情報部は一つの中隊のような編制を組み、中隊長は大野さんで、私のほかに宣伝部に岡田という中尉がいて将校はこの二人だけだった。兵隊たちが二つに分かれて、一つは谷間に小さな農場を作る。もう一つは山の遠くの方にもう少し広い農場があって、そこにも何人か兵隊が行っていた。

司令部がソロンに移ってしまったので、われわれ第三十五師団もあとでそこに移動することになった。今度は飛行機で行くわけには行かないので、海岸線を通って行くのだが、道も何もない、はじめての土地だからどれくらい掛かるかわからない。ともかく地図の上で距離を測って、これくらい掛かりそうだと見当をつけ、海岸線を伝って行けば何とか行けるだろうということで、マノクワリを引き揚げてソロンへ移ることになった。第三十五師団司令部の残っている人たちと、ほかの部隊も少しは行っていたらしい。

出発するときは雨だった。そのとき私の履いていた靴は兵隊靴ではなくて、将校になってからは自分で調達したゴム底の靴しかなかったのでそれを履いていた。ところが赤土に雨が降っているとツルツルすべる。しかも山坂を上ったり下りたりしなければならない。そのたびにすべるので苦労しながらやっと海岸線まで出たが、海岸線の砂の上を歩くのも大変だった。

それだけ行軍するわけだから、背負子みたいなものを作って、そこに書類とかいろいろなもの、もちろん軍刀やピストルなども入れて背中に背負うのだが、そこに入るだけだからいろいろなものを捨てなければならない。本などは持って行くわけにいかないから、アリストテレスやヘーゲルなど、涙を飲んでそこで焚書したわけだ。ほんとうに辛かったけれど、もし日本に帰ればまた何とかなると思って仕方なしに焼いた。

タピオカとパイナップル

背負子を背負って、海岸の砂浜を歩いてちょっと休憩というときに、浜にえんどう豆のような木が生えているのを見つけた。味がえんどう豆にそっくりなのだ。それは私も前に食べたことがあるが、食べすぎると下痢をする。それで休んでいるときにわれわれの中隊の人がそれを食べて、さて出発してしばらく行ったら、みんなお腹が痛くなって動けなくなってしまった。それで後続部隊と一緒に来ることにして少し休ませようということになった。

私はあまり食べなかったから平気だったので、一番最初の将校斥候になった。要するにどこに敵がいるか全然わからないから、道を探すのと、斥候だけれど将校がやるというそれをさせられて、行軍の一番前に行ってそこで道を探しながら進んだ。

川には橋がないから、大きな川になるとどこを渡っていいかわからない。しかも水の流れが相当速いところがある。海岸線で海に近いところを通っているのだし、よほど用心して手をつないで行かないと海に流されてしまう。実際に私の目の前で兵隊さんが一人、起きあがれずに流されてしまった。やっと川を渡るとずっと湿地帯でブクブク足が沈む。そういう中を、私が先頭に立って道を探しながら行った。

そうやって一日か二日将校斥候を務めながら、ある駐屯地にやっとたどり着いた。そこに一晩泊ったら出発というその夕飯のときに、そこにいた兵隊さんがタピオカを持って来てくれたので、こちらもお腹がすいているからそれを煮てもりもり食べた。ところがタピオカの皮には毒があってよく煮ないといけないし、生煮えを食べすぎるとあたるということは聞いていたが、食べ過ぎたとみえて、翌朝出発してしばらく行くと下痢でお腹が痛くなって、将校斥候ができなくなってしまった。

ちょうど原住民の住んでいた空家が少しあって、あとヤシの木などがある集落のあとがあったので、お腹の痛いのが治るまでそこで休もうということになった。一緒にいた岡田中尉もついて行くと言い、もう一人兵隊さんが、将校が二人だから将校当番で残ると言って、三人でそこに残った。

原住民の住んでいたその小屋に二日くらいいたら体の方も大体治った。ところがそこにはパイナップルやヤシの実がたくさんなっていて、どうせ前に行った人たちのあとを行けば道はわかっているのだから、少しゆっくりして行こう、と岡田中尉が言う。

上の人がそう言うのだからそれにのっかって、ヤシの実を落としたりパイナップルを食べたりして、一週間くらいそこで過ごしていた。そうしたら後ろの部隊から伝令が来て、敵がもう一つ前の地点に上陸したので引き返せと言う。引き返せと言ってもわれわれは三人きりだ。もう一つ先の駐屯地まで行って様子を見ようということになってそこまで行った。

その駐屯地ではマラリアに罹ったりして、相当の数の人が動けなくなっている。あと二日くらい行くと敵のいる地点になるから、ここで待っていて様子を見ようということになった。そのとき、兵器部長をしている少佐がやっぱりマラリアになっていて、その人が一番階級が上だった。

エピクロスの言葉

われわれ三人は海岸の方にあった小さな小屋にかたまっていた。そこでしばらく様子を見ようと、そこに一週間近くいた。その小屋は海岸の波打ちぎわからちょっと上ったジャングルのすぐそばにあったが、ある朝海の方を見たら敵の船が見える。それがどうもこちらを向いているようなのだ。あれ、こちらを向いているなと思って見ていると、だんだんその影が大きくなって来る。こちらに来るなということで、そこにいた三人か四人が、じゃあ山の方に逃げようと言う。

私は、山の方に逃げると言ってもどうなるかわからないから、ここに残って様子を見ると言って一人だけ残っていたら、船はどんどん近づいて来た。二隻の魚雷艇だったが、波打ちぎわから百メートルぐらいのところまで来て船が横に向いたら、甲板に士官が犬を連れて乗っているのが見えるのだ。

最初船は波打ちぎわをずっと右に行ったり左に行ったりしているので、何をしているのかと思っていたら、今度はこちらを向いて機関銃の一斉射撃をはじめた。私は木の陰に隠れて様子を見ていたのだが、周りにぽんぽん弾が飛んで来る。そのときにかつて読んだエピクロスの言葉を思い出した。「生きている間は死んでいないから死はわからないし、死んだら死んだから死は何かわからない」というのだ。

この言葉を思い出したとき、生きている間は自分とはまったく関係のない死について考えたり、不安を感じるなどということは、根拠のない誤った考えにもとづくものだと悟り、死について考えることも不安を感じることもなくなった。だが敵が上陸して来たらどうしようか、そうしたら仕方がないから、降参して捕虜になろうと思っていたが、結局それだけ射撃しても反応がないものだから、そのまま去って行った。

すると山の上からみんな下りて来て、私が死んだのかと思ったなどと言っていた。そうしているうちに先に行った部隊から帰って来た兵隊が、実は前に上陸した敵の兵隊と原住民が結託して、そこにいた兵隊は全部やられてしまったという。何人かが生き残ってこちらに帰って来たわけだ。どうせもう向こうには行けないから、伝令が言って来たとおり、そこにいた人たちを引き連れて帰ろうということになり、兵器係の少佐が長になって、マノクワリに引き返すために隊を組んで出発した。

そのときに私のところに台湾の高砂報国隊の人が来て、その長の伝さんが私たちも一緒に連れて行ってくれないかと言うので、伝さんのほか二十人くらいが一緒に帰ることになった。

来たときと同じ道を帰るわけだが、行きがけに足腰が立たなくなって木の陰にうずくまって、水を少しでもくれないかと言っていた何人かの人が、もう骨ばかりになってハエがたかったりしている。

そういうところを通ってある大きな川にさしかかった。ところが今度はそこで私がマラリアに罹ってしまった。高熱が出て、服のボタンをはめようと思っても、手がガタガタふるえてはめられないのだ。それでもみんなのあとをついて無理に渡ろうとしたけれど渡れない。それで一人だけもとの岸に戻ってそこで一晩過ごすことになった。切腹するにしても軍刀は錆びていて痛いし、拳銃はもうだめだし、どうしようかなと思っていたら、よその部隊の人が二人ばかりやっぱり落ちこぼれていて、ではあした一緒に川を渡ろうということになった。

翌朝少し熱も下がったので三人でやっと川を渡ったら、向こうにまた二人くらいいて、その人たちと一緒に歩いて行ったのだが、海岸に崖があるとそこは通れない。山の方に登ってジャングルの中に入ると方角が全然わからない。這うようにしてマノクワリの一番近くにある駐屯地まで行ったときには、完全に足が立たなくなってしまった。それで旅団司令部に連絡して、そこから兵隊さんが何人か担架を持って来てくれ、その担架に乗ってマノクワリの病院に入れられた。

ニューギニアの北海岸を行き来している間、たとえば夜、海岸線からちょっと入ったところで大地にごろっと寝て、朝起きてみたら何と周りに川が流れている。要するに夜中に豪雨が降って私の体の周りに水が流れているわけだ。それを朝になるまで知らずに寝ていたのだ。そんなこともあったし、崖を登らなければいけないのだが、熱が出ているときは足が動かないから目の前の崖の土ばかり見ながら夢中になってただ歩いている、それだけの記憶しかない。それでもここでくたばったらだめだから何とかしてということで、周りの人があと押ししてくれたこともあって、やっと駐屯地の陸軍病院までたどり着いた。

そのとき大野大尉は、たしか私の記憶ではマノクワリに残っていたと思う。そこに、私と同じにマノクワリに引き返して来た人たちを中心に、もう作戦情報部が所属していた司令部はなくなっているわけだから、大野隊という中隊くらいな小さな隊を作っていた。そしてジャングルの川のそばに、小さな将校用の小屋と兵隊さんたちの小屋を二つ三つ作ってそこに寝泊りして、あとは畠でお芋を作っていた。

死者たちとの日常

私は大野隊には帰らないで、直接陸軍病院に入院した。陸軍病院と言っても別に病院のような建物があるわけではなく、二、三人、多くて七、八人が泊れるくらいのニッパハウスだった。湿気を避けるために床が高くて、そこには小さなはしごをかけてあがらなければならない。壁などはなくて筵をかけてあるという程度の小屋で、そういう小屋に病人が入れられていた。私の入った小屋は二人しかいなかったけれど、そのほかに病気になった人たちを入れる小屋がジャングルの方々にバラバラあって、そのうちの一つが本部で、軍医さんたちがいた。

陸軍病院と言ってもそんな程度で、しかも病院だからと言って十分な食べ物や薬があるわけではない。食べ物は、米つぶが浮いているかいないかわからないほどの薄いおかゆが一日に二回くらい、あとはお芋の葉っぱとかそんなものを食べていた。入ったときはまだお芋の収穫が十分でない頃だったから、葉っぱが主なものだった。

そんなことで、病院に入っても十分に栄養がとれない。だから栄養失調でますます病気は悪くなるばかりだった。ただし私にとって助かったことは、隊長の大野さんが一週間に一度くらい、飯盒一ぱいの白米をとどけてくれたのだ。それを病室をちょっと下りたところでごはんに炊いたり、おかゆにしたりして、補助的にそれを食べていた。そのおかげで私は栄養失調にならずに済んだ。

私の隣にいたもう一人の将校にはそういうことがなかったので、私と一緒になったときすでにだいぶ弱っていたけれど、ある日、食事といってもわずかのおかゆみたいなものをすすったあとで、お茶碗とお箸を持って何かぶつぶつ言っているので、変だなと思ったらその晩に亡くなった。マラリアと栄養失調だった。

病院に入っていても、大野隊の大部分の兵隊さんたちを私は知っているわけだ。その人たちが死んだ仲間を病院の近くの林の中に埋めていたらしい。そのためによく死んだ人を担いで、今日はこの人が亡くなったと私のところに来て報告しながら埋めに行った。二、三日たったら今度は前に担いで来た人がまたほかの人に担がれて、その人は亡くなったという。そういうふうにみんなどんどん栄養失調やマラリアで死んで行った。

二か月くらいそこにいたが、いずれにしても食べるものがないわけだから、何か探さなければならない。その当時も多くの兵隊さんたちが、食べられる植物、木の葉だとかそういうものを探して回った。あそこにあるあの木の葉は食べられる、といったことがすぐに情報として伝わって来る。

もちろん一番いいのはお芋の葉っぱだが、なかなか自由に手に入らない。とくにお芋が十分に実らないうちに取ったのが見つかったりすると、農場の見張りをしていた兵隊が、泥棒に来た兵隊を小銃で撃ち殺したこともあって、何でも食べられるものは食べるという悲惨な状況だった。

私は最初のうちは足が立たなかったけれど、少し歩けるようになってから外へ出て、何か食べるものを探そうと思ってふらふら歩いていたら、小さなカエルがいた。とにかくその当時は口に入るものは何でも食べたわけだから、カエルなどは上等なごちそうだ。ところがカエルをとろうと思うと、ピョンピョン飛んで逃げる。こちらの足はふらふらで追いついて行けない。とうとうカエルは川の中に飛び込んでしまった。

ああしまった、と思ってひょいと見たら、その川の中におたまじゃくしになる前のカエルの卵、縄よりちょっと太い細長い五十センチくらいの寒天質の中に黒いボツボツがある、それが卵なのだが、それがあったので、これは食べられると思って、こいつは動かないからやっと取って飯盒の中に入れた。

久しぶりに動物質が食べられると楽しみにして、少しあった粉しょうゆをちょっと入れ、たき火の上に飯盒を吊るして炊いて、さあ食べようとふたをあけたら、何とみんなとけてしまってかげも形もない。何か黒いおたまじゃくしの皮のようなものがポツポツとあるくらいだったので、がっかりしておつゆだけ飲んだということもあった。

またトカゲの小さいのを取ってはじめて肉を食べたこともあったが、厚い皮が残った。ワニの皮と同じようにトカゲの皮も高級ハンドバッグになるわけだけれど、何とかしてこれも食べられないかと思って、ひょっと考えてそれを火にあぶってまっくろにし、炭になったそのトカゲの皮をポリポリ食べたこともある。うまくも何ともなかったが、考えてみるとそれで炭素を少しとったことにはなったかもしれない。

大トカゲとワニの子

そんなことでその大野隊の兵隊さんたちは、死んだ人は運ばれて行って、また運んだ人が死ぬというようにどんどん数が減って行った。私だけは大野さんのまわしてくれたお米を食べて助かって、やっと退院していいということになった。その間いったい大野隊がどこにいるかということはわからなかった。しかし入院しているうちに足が立つようになって、葉っぱとかいろいろな食べるものを探して、病院の周りを歩きまわっていたから、大体の見当はついていた。道を探しながら教わった谷間の方に下りて行ったら大野隊の小屋があった。

大野さんと岡田中尉が、よく帰って来たと迎えてくれた。その晩大野さんがお祝いにごはんを炊いて食べようと言って、将校全部がいた隊長室の床をちょっとはがすと白米がいっぱいあり、それを出して炊いてくれた。

私は、どうしてこんなところにお米があるのかと聞いた。というのは、兵隊さんたちはほとんどお米を食べられないでいるわけだから。要するに師団の方から各部隊にほんの少々だけお米が来る。それを大野さんは全部自分の将校室にとっておき、そのうちのどれくらいか、私はそのときいなかったからわからなかったが、少しは兵隊さんたちのいる炊事の方に渡したろうと思うけれど、たくさんの白米がそこにあった。

それで退院の記念だということで大いに食べたのだが、それから大野さんは、夜になるとこっそりお米を炊いてわれわれに食べさせてくれた。それで私は、兵隊たちにあげないで将校だけに食べさせるのはおかしいと思って、大野さんに「どうしてこんなことをしているんですか」と言ったら、いや戦争では将校が大切なのであって、将校がいなくなったら兵隊だけでは戦争はできない。だから将校はできるだけ大切に、病死しないようにするのが当然なのだ、と言っていた。

ある日将校室で休んでいたら、入口の扉がガタガタいう。行ってみたら開閉扉の上の方が開いている。そこから、大トカゲが首を出して中をのぞいていた。二メートルくらいあったか。それを見て思わず「しめた」と思った。こわいより食べる方が先だっていた。トカゲは人間を襲うことはない、人間を見て逃げるのだから。ところが小銃はその扉の外の入口のところにおいてある。だからどうしても扉を開けて行かなければならないのでどうしようかと思ったけれど、立ちあがったら、トカゲがそれを感づいて、バタンと音をさせてさあっと外へ逃げて行った。

それで私が大急ぎで小銃をもって外に行ったら、トカゲが大きな十抱えもあるような木にサササッと登って行って、はるか上の方にへばりついている。私はそれを撃ち落としてやろうと思って小銃をかまえたところが、幹の反対側にまわってしまう。わかるんだなあと思って向こう側に行ってかまえると、また反対側のこちらに来る。

それで私は兵隊さんを一人呼んで、ちょっと小銃を持って向こう側から狙ってくれ、そうしたら私がこちらから撃つからと言って、こちらに来たところを撃ったら命中した。私は前に言ったように小銃を撃つのは得意だった。大きなトカゲがばさーっと下に落ちて来たので、それをみんなに分けて少しずつ食べた。

小さな船に乗ってマノクワリに来る途中で、私が一人で歩いているとき、小さなワニの子が川辺にいるのを見つけた、これはいい獲物があったと思って軍刀をそっと抜いて、正面に向かうと飛びかかって来たとき大変だから、横手からさっと刺したら仕留められた。それを持って船の連中のいるところに帰って、みんなで食べたこともある。トカゲもそうだが、トリ肉と同じような食感だった。

そこでぶらぶらしているうちに、大野さんの持論の、戦争では将校が大切だということもわかるけれど、われわれだけがお米を食べていることがやっぱり気になり、兵隊さんたちのところに行ってもそれを言われて、これは何とかしなければならないと、私の考えを述べたりした。が、大野さんはどうもそのことが気に食わなかったらしい。それでそこから歩いて一時間くらいかかる山の上で、同じ中隊の別のグループが農場を開いてお芋などを作っているところへ行けということになって、私はそこへ行かされた。

農場暮らし

そこで十四、五人の兵隊さんたちの中で、私が将校だったから長となって、毎日朝起きて芋がゆを食べたら農作業をはじめることになった。ところがそこにいた多くの人が同じ皮膚病に罹った。手と足にポツポツがものすごくできる。かゆいので気になってそこを掻く、掻くとそこが痛いのだ。力が入らないので草をむしろうとしても痛くて根が引っぱれない。それを無理しながら農作業をやっていた。

ニューギニアではサツマイモの葉と茎を、うねを作って植えると三か月たてばお芋が収穫できる。いつも同じ気候だから、三か月たって収穫したお芋の葉っぱを植えると三か月でまたお芋ができる。そういうふうに順ぐりにやって行って、その頃になるとやっとお芋が豊富にとれるようになった。

しかしお芋は連作をしているとだめになるので、どうしても新しく農場を拓く必要がある。そのためには、ジャングルの木を切って根を掘り起こし、そこを畠にしなければならない。その仕事の方が大変だった。

農場を作るときには、水が必要だから川のそばに作るのだが、われわれの農場のすぐ下を流れる川にところどころ深いところがあって、そこに魚が泳いでいる。その中に手榴弾をなげて、死んだ魚があがって来るのを捕まえて食べたりした。

もう一つ楽しんだのは野猪だ。イノシシとブタの中間のような動物で、それを捕まえるとブタ一頭分の肉が食べられるから非常に貴重だった。味はブタと同じようなものだ。それを捕まえるのには、土に穴を掘ってわなを作るのだ。海軍の方からのこぎりやワイヤーなどいろいろなものをもらっていたので、そのわなを方々に仕掛けておく。それに掛かると野猪はワオーと鳴くわけだ。私が仕掛けておいてちょうど夜が明けたころ、ワオーワオーという声が聞こえたので、みんな「わあ！　掛かった！」と鉄砲をもって駆けつけた。するとはるか向こうのわなに掛かっている。

ただ注意しなければいけないのは、近寄ると野猪は向かって来る。それで何人も実は死んでいるのだ。というのは、掛かったときに暴れてわながはずれ、キバでお腹を突き刺される。そんなことがあるので、近寄らずに遠くから小銃で殺さなければならない。それで私がまた一発で仕留めた。

それをかつぐと大層重く、人間二人分くらいは十分にある。それで足をしばって棒を通して川のあるところまで担いで行く。川原に下りてそこで解体するわけだ。解体するのも普通の包丁ではとてもできない。ちょうどいいことに、戦死や戦病死した人の軍刀を二つに折って布を巻くと、よく切れる包丁になる。それでお腹をさあっと切って全部解体する。そうすると血が出るから、水のある川のそばでやるわけだ。そうやって水の中に血が流れて行くと、小さな魚がたくさん集まって来てその血を吸う。

内臓の食べられないところは捨て、食べられるところはとっておき、皮の脂肪層はドラム缶に入れて炊くと脂がとれる。それは「ブタの脂」と言って非常に大切にした。それから肉の食べられるところはとっておく。しかし冷蔵庫も何もないし、暑いところだから日陰に置いておいても二日くらいしかもたない。

その当時農場にはわれわれ十人くらいしかいなかったから、その晩はブタの厚いステーキを一人三枚くらいずつ食べても余ってしまう。その余ったものは野戦病院に持って行くと、病院で働いている衛生兵たちは、自分でブタをとることはできないから大よろこびで、医療用の飲めるアルコールを川の水でうすめてくれる。それはすぐ酔っ払うのだけど、ブタのステーキを食いながらそれを飲んだりした。

そういうことでは非常に楽しかった。ブタを獲ったり、お芋の作り方もわかってちゃんと作れるようになったし、そんなことで楽しいときもあったが、そうやってみんなで飲みながら話すことは、ああそう言えば上野のどことかの店で何々があったなあ、あそこのはうまかったなあ、という食べる話ばかりで、いつ帰れるかわからない、あてもない日のことを思ってそんな話をしていた。

もうすぐ日本は負ける……

ときどき本部に連絡に来いということがある。本部というのは大野さんのいるところでもあるし、師団長が引きあげて旅団になってしまったから、その旅団長とかその下の各連隊の本部ということだ。おもに大野さんのいるところにいろいろな指令が来て、それを各農場の部隊に伝えるということで連絡があるが、そこに行く人は飯盒一杯にふかした丸のままのお芋をもって行けることになっていた。みんなそれが楽しみだった。というのは、ふだんはおかゆにして食べていたので、お芋を丸のまま食べることができなかったのだ。

私も一回、将校として連絡に来いと言われて行ったことがある。飯盒一杯にお芋をもらって出かけ、川を渡ったらすぐにまだお昼にならないうちに食べはじめた。全部食べるとなくなってしまうから、少し食べて、あとは一人でジャングルの中を一時間くらいかかって行く。道はわかっているから――。

そんなわけで、退院してからは農場生活がずっとつづいていた。そうしているうちにときどきいろいろな情報が入って、敵軍がどこまで来て、どこあたりにいるか、最後にはもう沖縄の近くまで来ているということもわかって来た。

あるとき将校だけ旅団の方に集められて、旅団長から「敵は日本の近くまで来ている。しかし日本の本土を敵にとられても満州に引きあげて、二十年でも三十年でも戦う。われわれもそれに応じてやって行かなければいけないんだ。そういうことをみんな兵隊に伝えておけ」という訓示があった。

それで、私は帰って部下の兵隊に、実はこういう話だけれども私はそう思わない。もうすぐ日本は負ける。負けたら日本に帰れるのだから病気などしないでもうちょっと我慢しろと言った。普通の場合ならとてもそんなことを言えるはずはないけれど、農場生活をしていてみんな日本に帰りたい帰りたいという話ばかりしているから、そんなことを言っても別に誰も何も言わない。将校は私一人だし、兵隊さんたちはそれを聞くと、あ、そうか、それだったらがんばろうという気になるわけだ。

各農場全部がそうだから、マノクワリにいて戦争に負けたとわかったとき、だれもくやしいと思ったものはいなくて、「日本に帰れる」とほとんど全部がそう思った。一人だけ、負けたと言って、ハラをかき切った中尉がいたけれど――。

そんなことをしているうちに、これはまだ終戦になる前だったが、何人かの将校が、北の方はまだ海岸線に敵が残っていたから、ニューギニア島の南を回ってソロンへ行くことになった。大野さんが自分も行くということで、何人かがマノクワリを発って行った。そこでもう大野隊はなくなったわけで、私は近くにある別の農場に引っ越した。小さな農場だったが、すでにほかの部隊が農作業をしたあとだったので畠が少しはあった。そこへ移って大野隊なきあと、みんなバラバラにほかの部隊に所属することになった。

それでその小さな農場に移ったが、そこは砂地だったので、落花生の種をまいて落花生がとれたりした。そこにはほんの一月くらいいただけでまた命令が出て、今度は第二百二十連隊という、海岸のそばに農場がある大きな部隊に配属になった。そこが私のマノクワリにおける最後の所属部隊となった。

「南の島に雪が降る」

その前に一つ言い忘れたことがある。それは私がまだ前の農場にいた頃、ほかの部隊に有名な歌舞伎役者で俳優の加東大介という人がいて、ここにはいろいろな人がいるからひとつ劇場を作ろうじゃないかということになった。ジャングルを切り開いて、昼間はまだときどき空襲があったから上からは見えないようにして、そこに劇場を作ったのだ。そのいきさつは彼の書いた『南の島に雪が降る』という本にくわしく書いてある。部隊には衣装を作る人、かつらを作る人、いろいろいたので、それらを集めて劇団を作って劇をやるのである。そこへ兵隊さんたちを連れて行った。

最初のうちはまだ終戦になっていないから、夕方から兵隊さんたちを連れて農場からそこまで行くのに一時間以上かかった。しばらくぶりで舞台の上で日本の情景に接することができ、そのときの記憶が残っているけれども、これは後に加東大介が日本に帰ってから映画になって、彼が出演して有名になった。彼が書いた『南の島に雪が降る』という本は、雪の降る地方の部隊の人たちに、紙を小さく切った雪を降らせて見せ、みんな泣いた話からそういう題がついたわけだ。

前にも言ったように旅団長が将校を集め、これから日本は満州に逃げてでもがんばるんだということを徹底させろと言った、それからほんのわずか、ある日また集まれという命令があって、ジャングルの中の、上からは見えない広い場所に部隊の将校が全部集められた。そこではじめて、「実は日本が負けて天皇から詔勅が下った」という達しがあった。そこで私は、ああ、やっとこれで日本に帰れると思った。

ただしすぐには帰れないわけで、そのあたりは英印軍、英国とインドの所轄に入っていたので、負けたわれわれはこれから戦勝国である連合軍の将校が来るからその指示に従うように、ということだった。そのとき重要な書類は全部燃やすようにという指示もあって、そこでやっと、もうすぐ日本に帰れると、前に兵隊さんたちに言ったとおりになって、みんな希望が出て来たわけだ。

終戦になってから新しい部隊に移動した。今度はもう空襲を恐れる必要はなくなって、海岸にある非常に開けた農場で相変わらずお芋を作っていた。終戦になるまでは四、五日に一回くらい空襲があって、もっぱら高射砲の陣地がねらわれていた。だから高射砲の人たちは、砲がやられると今度はすぐに陣地を変えなければならないので大変だったが、われわれは空襲があっても農場のそんなところに弾を落とすことはないから平気で、ただ空から見えないようにしているだけだった。

終戦になってしばらくしてから英印軍がやって来た。英印軍も考えたらしい。捕虜収容所を作ってわれわれを収容すれば、そこでメシを食わせなければならない。ところがいまのままつづけて農作業をやらせれば、耕地は増えるし食料をやる必要はない。

ただ、自分たちの住む場所を整備するために使役を出せということで、ときどき今日はどこの部隊から、今日はどこの部隊からということで人員を出して、庭を拡げたり草を取ったりいろいろなことをさせられたが、大部分は今までのとおり農場を管理して、それを拡げることをつづけろという命令だった。

私はそのときは将校で、兵隊たちを連れて行って監督する立場だから、実際に働くのは兵隊さんたちだった。そのときの部隊はオランダ人の将校が一人いて、下士官は全部インドネシア人、兵隊はパプアの原住民だった。パプアの原住民たちは一応鉄砲を担いでいるが、外を歩くときは裸足で、兵舎にあがるときだけはスリッパのようなものを履いていた。

そういう使役に出るときに私が監督をしていると、向こうはインドネシアの下士官が監督していて、私は英語でその下士官と話していたが、彼らは、自分たちを解放してくれたと言って非常に日本人に感謝していた。そういうわけで仕事は非常にうまく行っていた。

ただオランダの将校はほんとうにケチくさかった。いまでも覚えているけれど、使役には何時から何時までと時間が決まっている。そうするとたとえば五時にお終いというときに、一人だけいるオランダの将校が時計のある場所に来て、時計の針を遅らせるのだ。それを見ていたのがいて、オランダの人というのは実にケチだとすっかり評判が悪くなった。

二十年の八月に終戦になって、翌年の六月までそういう生活がつづいた。空襲がなくなったから例の劇場にも楽に行けた。

海岸のそばの農場に新しく部隊が移り、とくに空襲がなくなってからはいろいろなことができるわけだ。まず大きなウミガメがよくあがって来た。そのウミガメの卵をとる。ウミガメ自身からも脂をとる。それからサメをとる。太い縄の先端に鉄を曲げた大きな釣針をつけたものを、引き潮のときに胸ぐらいまで水のあるところに行ってはるか沖に投げ込む。そして潮が満ちて来るとサメが引っかかって来ることがある。陸では大きな木にその縄をまきつけておくから、引っかかるとピーンと張ってかかったことがわかる。それをみんなで引きあげて夕方食べるのだ。ウミガメも引っくり返して、かわいそうだけど首から切って甲羅をはがす。中にはウミガメの甲羅をもって帰ればいいんだけど、などと言う人もいた。

コーヒーの味

そのうち、引揚げの情報がところどころから入るようになった。われわれは船がいつマノクワリに来るだろうかと一所懸命に待っていた。アメリカの輸送船が来ることになっていた。そうしたら今度は引揚げのための特別な英印軍の部隊が来た。そこには今までいたオランダの将校よりもう一つ上の位の英印軍の将校がいて、それが私にそっくりだと言われて、私はその人の名前で呼ばれたりしていた。

引揚げるときに貴重なものは全部出せと言われたので、それまで一所懸命に持っていたコンタックスをしょうがないから出してしまった。湿気にあたらないようにちゃんとくるんで持っていたのだけれど。

私はそういうふうに終戦になって新しい部隊に配属になり、そこで非常に気持ちのいい生活をして、そのうちに帰れるんだという希望もあった。しかし私のいた連隊のほとんどはマノクワリの前にあるビアク、ヌンフォルという二つの島に行っていて、全部玉砕してしまったわけだ。終戦になって新しい農場に行ったとき、そこの隊長だった大尉が、彼らの仲間もやはりビアク、ヌンフォルで戦死しているから、そういう人たちの遺骨収集をかねて、少数の人間ならビアク、ヌンフォルに行ってもよいという許可を英印軍の上の方からとりつけて、そこに行くことになった。

その部隊が帰って来たときに、米軍のゴミ捨て場で見つけた携行食を持って来た。それは米軍の兵隊に支給される食事が一回分ずつコンパクトな箱に詰めてあるもので、中にはサンドイッチとかコンビーフとか、コーヒーなども入っている。それが完全な形でそのまま捨ててあるのを持って来て、われわれ将校が集まっているところで食べさせてくれた。そこで久しぶりにコーヒーを飲んで、ああうまいなあと思ったものだ。

そのときに隊長が、同じく捨ててあったシェイクスピアのドラマが全部収められているハードカバーの英語の本を、君のために持って来たからと言って私にくれた。それからしばらくは私はその本を読んでいた。今でもその中のある文句が頭の中に残っている。

携行食などを見ると、こんな国と戦争をしたのか、とあらためて感じたものだ。もちろん私は最初から日本がアメリカに勝てるなどとはとても思っていなかった。戦争中ずっとそうだったが、前に海岸でもし敵の船が上陸して来たらどうしようと思ったときに、こんなところで戦死するのは絶対いやだと思ったものだ。こんなくだらない戦争のために死ぬのはいやだし、できるだけ人生のあらゆることを勉強したい、まだ結婚もしていない、子どもも持っていない、たくさんし残したことがあるから、もしこのままで死んで、えんま様だかどこかしらないけれどそこへ行って、「人生はどうだった」なんて言われたときに、語ることは何もありやしない。私はいつでも生きるつもりだったから、もし敵が来たら一番先に捕虜になる。捕虜になることはちっとも恥ずかしいとは思っていなかった。絶えずそういう気持ちでいたから、日本軍がどんどん退却しはじめたときに、兵隊たちにも言ったように、いずれ日本は負けると予測していたわけだ。

だから負けたあと、私は戦争に負けたから食糧の不足とかいろいろなことで苦しいことはあるだろうけれど、一番いいことはこれで日本にも変な神風思想、あるいは天皇崇拝の思想といったものはなくなるだろう、もし日本が勝っていたら私の一番きらいな、そういう軍部のふりかざす思想がずっと残ったろうから、これで日本は戦争に負けることによってはじめてよくなると思った。私は日本が負けそうになったときから、早く負けろ早く負けろと思っていたものだ。

その意味では、終戦になってから、方々に引揚げの船が来て帰るという情報が入り、日本に帰れるという希望ができたし、しかも帰ればもう軍部は滅びたのだから、これではじめて私が前から思っていたようないわゆる民主的な、そういう社会ができるだろうということで楽しくてしょうがなかった。終戦になってニューギニアにいたときは、非常に楽しい生活をしたような気がする。

帰還

船が来た。直接桟橋に着くことはできなかったので、はしけに乗って縄ばしごでよじ登ってあがったが、船に乗ったときこれでいよいよ日本に帰れると思った。船槽の下の方は暑くて仕方ないから、私はほとんど甲板にあがっていた。大部分の人が甲板にあがった。

帰ったらわれわれはみんな、日本の人たちから、お前たちのせいで戦争に負けたんだと言われるという噂がとんでいた。しかし私は、そんなことを言われるかもしれないが、命を奪われるわけではないだろうと思っていた。

だんだん日本に近づいて来ると、それこそ田端義夫の「かえり船」のようで、あの歌をあとから聞くと、ほんとうにあのとおりだと思った。

考えてみるとニューギニアのジャングルというのは、日本では想像できないようなところだった。何千年も前からある大きな木が倒れていて、そこにツタが這ったりしていると、そこを越えるのに一時間くらいではだめなのだ。目の前の障害物の高さはわれわれの背よりはるかに高く二階家ぐらいあるし、それを越えるには、ぐるっとまわって木のないところを探さないといけない。そっちの方まで行くのに、ジャングルだからまた木がびっしり生えていて大変なことだった。ましてそれを越えて行くなどということはとてもできない。

ほんとうにニューギニアのジャングルというのは大変なものだと思った。ニューギニアでは一年中気候は同じだから、われわれが農場をやるときはふんどし一つで軍服など着ていない。何か師団の命令で呼ばれるときは仕方ないから着るけれど、それも半袖、半ズボンだ。そんなところで戦争が終わっても蚊はいたわけだから、マラリアになって死ぬ人はやはりいた。

マノクワリで死んだ人はほとんどは戦病死、マラリアや栄養失調が原因だった。その中で私が生き残ったのは、一つは大野さんの「将校は大切にしたい」という考えのおかげで、普通だったら私はあそこで栄養失調で死んでしまったと思うけれど、あのお米のおかげで何とか体力をもち直したと言える。

今から考えてみると、ニューギニアでは原始生活に近い生活をしたわけだ。まずお金を使うことは絶対にない。物を売っているところもない。そして食べるものは自分で畠を作ってお芋を植えて食べる。もちろん列車もなければ電気もない。

そこで気がついたのは、夜になると星がきれいだということだった。東京にいると夜銀座や新宿を歩いても、電気が明るいから星は見えない。ところがニューギニアでは夜はまっくらだから星がきれいに見える。そこでギリシア人は星を見ていろいろな神話を考えたというのがわかる気がした。

お金を使うことがないということ、そして自分が食うためには働かなければいけないということ、要するに大学の先生だとか官吏だとか、商売をしている人とか、そういう違いはなくて、全部が同じ生活をしている。食うために働いている。そういう原始的な生活をした。まあほんとうの原始生活ではないけれど、しかも家庭というのがなく男ばかりで女がいないということは、たしかに違ったものがあったと思うけれど、それでもそういう原始生活をしたことが、あとからいろいろなことを考えるのに非常に役に立った。あれがあったからいまの私のような考え方ができたのかもしれないと思う。

私は何かというと「ニューギニアでは」と言うけれど、それはやはり私にとって大きな意味があった。おそらくあのニューギニアで私と一緒に過ごした人たちにとっては、ニューギニアの思い出はそういう意味を持っていた。戦争以外にもっと大きな意味を持っていたと思う。

しかし戦争で亡くなった人たちがそれを体験できなかったのは非常に悲しいことだ。

第二部　一哲学者としての戦後

第一章　焦土からの再出発

名古屋港に上陸

一九四六（昭和二十一）年六月の十日くらいだったと思う。われわれの乗ったアメリカの輸送船は名古屋の港に入った。やっと日本に帰って来たのだが、名古屋に着いたときの気持ちは特別にどうということもなかった。名古屋港のはしっこに上陸、港にいろいろなものが積んであり、人気も何もないところだった。目の前の列車にみんな乗り込んだ。そしてしばらく埠頭の中を通って名古屋駅に着いた。名古屋駅で二、三十分休憩があるというのでその間町へ出てみた。

実はわれわれがニューギニアにいる間、兵隊さんでも将校でも月給をもらっていた。中国では兵隊だから少しずつだが手渡されていたのが、ニューギニアにいる間それがなかったのだ。そういうお金を全部精算するということで、たしか名古屋で百六十円くらいもらった。

まだわれわれの頭の中には昔の値段しかなかった。私が軍隊に入る前の助手の月給は月に四十円だったし、東京から松山までの往復の汽車賃はたしか十円くらいだったから、そういう頭があって、これだけお金をもらったら、できれば途中久しぶりに日本の温泉にでも入って、それから家に帰ろうかなどと、船の中では話し合っていたわけだ。

これだけあれば相当ぜいたくできると思って、名古屋駅で降り構内を出たら、駅の裏口にヤミ市がいっぱい並んでいた。それまで滋養になるものを食べていないから何か食おうかと思ってひょっと見たら、何と大根一本が十円とかで、思わず腰を抜かしてしまった。私の学生時代には十円あれば松山と東京を往復できたのに、大根一本が十円とは。そういうのを見ただけでみんな驚いてしまって、三十分後また同じ列車にもどって来て、大変だ大変だ、これじゃとても日本で食って行けないと話し合ったものだ。

もう一つ頭にあったのは、われわれ軍人が引き揚げたら、日本の民衆に石を投げられるというようなことだったけれど、まあそれはなかったので安心した。

それから西へ行く人、東に行く人に分かれた。大体私たちのところでは東に行く人が多かった。部隊の編制が古年兵は北海道、あとは関東甲信越の出身者だったから。東京へ向かって列車が動き出した。列車に乗って走っているときには、窓から見ても別にどこがどう変わっているかそれほど気がつかなかったが、やっと東京駅に着いたとたんに驚いた。駅のプラットホームに着いて反対側の窓から見ると、東京駅から見える風景は一面焼野原で何にもない。みんなガレキで、東京大空襲でやられたということはこういうことなのかとつくづくわかった。

焼け野原の東京

私はそこでみんなと別れて阿佐谷に帰る。名古屋かどこかで戦災地図を見ていたから、高円寺までは戦災で焼かれているが、阿佐谷は大丈夫だとわかっていたので安心してはいたのだけれど、東京駅から見たそのひどさには驚いた。

もう一つ驚いたのは、中央線が来たのでそれに乗ろうとしたところが、何とまあ扉も窓もない。窓ガラスはみんな割れていて、バラバラになる寸前のような客車の状況で、そこに人がいっぱい乗り込むので、窓から落ちないようにするのが精いっぱいだった。そんな電車に乗って、焼野原のあとをずっと見て行くわけだ。やっと高円寺まできて、焼けているところとそうでないところがあるとわかった。阿佐谷の駅に着いたら、昔どおりの家や道が、私が日本を発った当時のままにちゃんと変わりなくあった。

うちの人たちには何も知らせてなかったから、きっとびっくりするだろうな、と思いながら玄関を入って、「ただいま」と言ったら、出て来たのが母と、母の姉がかたづいていた片野家のおばとその娘の千代子、そういう人たちがみんな出て来て、どうしたのかと思ったけれど、そうかとすぐにわかった。みんな焼け出されて、うちだけ焼けなかったので、そういう人たちがみんなうちで生活をしていたということだったのだ。

父はそのときまだ戦犯で巣鴨プリズンに入っていると聞いた。無事に帰って来たのですぐにでも父のいる巣鴨にいき、帰って来た報告をしなければということで、翌日、教わって一人で巣鴨に行った。まず池袋駅の東口で降りて見ると、駅前は全部ヤミ市で家は何もなかった。そこを通り抜けてしばらく行くと、巣鴨プリズンらしい建物が左の方に見えて来た。

入口にアメリカの兵隊が立っていたのでそれに話し、その兵隊に案内されてある部屋に行った。それは映画などに出て来る監獄と同じように中に仕切りがあって、向こう側から父がふらふら出て来た。そして、私を見てああよかったな早く帰れて、と言って、それから「軍人にならなくてよかったな」と言った。

父は私に軍人になれと一時はすすめたけれど、私はいやで「哲学をやる」と言ったら、哲学ならいい、哲学をやるとハラができるだろうとそういうふうに理解して、まあそれを認めてくれたのだが、確かに軍人だった人は行く場所がなくなったわけで、みんなヤミ屋やいろいろなことをやって苦労していた。

阿佐谷の家は米軍が接収していて、もちろん封印されているわけではないが、家具とか宝石などの貴重品は売ってはいけないことになっていた。しかし当時生活している人は誰でも同じだったと思うが、ヤミ屋をやらなければ普通にもらっている俸給ではとても食べて行けない。

まして私は、帰った当時最初の一、二か月は四十円の月給しかもらっていない。四十円では何か丼物を食べても十円したわけだからとても暮らして行けない。あとでは少しずつそれがあがって百円になったが、実際は物価の上昇率にはかなわなかったから、みんないわゆる売り食い、残っている何かを売って生活していた。

とくにお米などを買うには、その当時の人たちは洋服とか着物とかを、一番いいのは農家に持って行く。そして配給外のヤミ米をもらって担いで帰って来る。そういう人たちがいっぱいだった。ヤミ米だからときどき取締まりにあう。取締まりにあうとそのお米は没収されてしまう。私のところも、父はそのとき監獄にいるわけだから、勤めている人間は私だけで、四十円の給料ではとても食うことができない。そうすると何で食っていたかというと、もう私よりも前に允明が母と相談して、いろいろなものを次々と売っていたらしい。

父がポーランドからたくさんカメラを買って帰って、その中の一つが私が戦地に持って行ったコンタックスだったけれど、それは戦地で最後にとられてしまった。あとにいくつか写真機のいいのが残っていたので、そんなものを允明が売りに行って、そのほかに母の着物なども売っていたわけだ。

私も父が持っていたゴルフのクラブを袋に入れて、何本かあるのを担いで、銀座のどこかに売りに行ったことを覚えている。父がイタリーで買って来た「プリマ・アモーレ」（初恋）と書いた大理石の彫像や、マコフスキーというロシアの有名な画家の農民を描いた大きな絵も売ってしまった。

慶應義塾大学へ復職

戦後は高等部がなくなったので、私は慶應の文学部の助手ということになった。そのとき松本正夫さんもまだ助手だった。松本さんのところにも挨拶に行ったが、私のいないうちに松本さんは、彼の出世作となった『存在の論理学』という本を岩波書店から出版していた。

その頃私は父の書斎（それはあとから別に建て増ししてきれいなのを作ったものだが）の机と本棚を使うことになった。父の本棚にある本はどんどん売ってしまって空いていた。そこに私の哲学関係の本を詰め込んで哲学の本を読むということになった。一番心配したのは、昭和十五年に軍隊に入って復員したのが二十一年だから、六年間ほとんど本を読む機会がなかったので、日本語の本は別として、外国語の本をどれくらい読めるだろうかということだった。

まず最初に英語、フランス語、ドイツ語の本をそれぞれ出して来て読んだ。最初はやっぱり抵抗があってなかなかスラスラと読めない。それから日本語での哲学の用語も忘れてしまって、外国の本を読んでもこれを日本語でどう訳していたかピンと来ない。それでも少し本を読んでいれば大丈夫だろうと思って読んでいたら、私の感じでは二週間くらいで元にもどって、抵抗なしに哲学の本もスラスラと読めるようになった。

それで一方では哲学の本を読み、片方ではいろいろなものを売り食いするという生活がはじまった。私は助手だから直接に授業はまだ持っていなかったけれど、それからしばらくして変な役割を与えられた。

その当時一般の教員の適格審査というのがあって、戦争中に戦争に加担するような言動があったとか、あるいは本を書いたとか、そういう思想を持っていた人たちは不適格ということで、大学の場合には大学で教えることはできないという制約があった。その審査はそれぞれの学校単位で審査の委員を作って行うことになり、その委員に、松本正夫、心理学の横山松三郎、英文学の厨川文夫、歴史の近山金次、教育学の小林澄兄《すみえ》さんがなった。そして私は書記として、毎週水曜日の午後委員たちが集まる会議に出て記録をとることになった。その適格審査というのはＧＨＱ（連合軍総司令部）の命令だけど、おそらく文部省を通じて来たのだと思う。

東京裁判

仕事はそれくらいだったから、うちにいることが多かった。お芋が主だったが、配給が来ると、その配給を高円寺に行く途中の馬橋《まばし》に取りに行かなければならない。沢田家の分だけではなくて、その当時あった隣組の分を全部一括して受け取り、それぞれ隣組の人たちに分けなければならなかった。それには大八車という大きな荷車がちゃんと用意されていた。

昼間家にいる男は大体私だけで、あとは女の人やおばあさんだったから、結局配給をとりに私が出て行く。そして何人か連れて大八車を引っ張って馬橋まで行って、お芋をいっぱい相当重いものをもらって家に帰り、そこでそれぞれの家に分けるわけだ。そんな仕事も割にひんぱんにやっていた。

しかしその頃だからまださつまいもが主で、私はさつまいもはニューギニアでいやという程食べていたから、何かほかのものを食べたいと思うけれど何もない。あるときヤミ市でじゃがいもがあった。そこで母に、お昼ごはんは何にすると言われたとき、できればじゃがいもを思う存分食べたいと言ったら、母が八百屋さんでじゃがいもを一キロ買って来て、大きなお皿に山盛りにふかしてくれた。それを私は全部食べてしまったので、母が目を回した。

そんなふうに食べるものはじゃがいもくらいで、主食はやっぱりさつまいもとか豆かすに近いようなものしかなかった。だからニューギニアにいるときと大して変わらなかったわけだが、今度はニューギニアの戦地ではなくて、家族のもとで食べられるのは大きな違いだった。しかしまったくの売り食い、しかも配給のお芋だけで、家を焼かれた親戚がうちに集まっていて大変だった。

中野の駅には駅前にヤミ市があって、私は二、三回そこに行ったと思う。三田に行かなければならないときもあるので、そんなときはおなかが空いてしょうがない。帰りに中野で降りてヤミ市に行って二十円近くとられるカツ丼や天丼をこっそり食べたりしたこともある。

そうこうしているうちにA級戦犯の東條（英機）さんとかいろいろな人の裁判、いわゆる東京裁判がはじまった。父はB級戦犯だったが、証人として東京裁判に出ることがわかって連絡があった。それが行われているのが市ヶ谷のもとの参謀本部のあとで、昔父が参謀次長として勤めていたところだが、そこへ証人として出廷するというので会いに行った。

広い講堂のようなところにぐるっと仕切りがあった。大体ガラスで仕切ってあったと思う。そこに小さな窓があって話ができるようになっていた。向こう側から父が私を見つけて窓口にやって来た。中には戦犯の人たちがみんないて、そこへ父が東條さんだとかそういう人たちを呼んで、これがおれの息子だと紹介してくれた。父としては、息子が軍人にならないで大学の助手になったのを誇らしく思ったのかどうかはわからないけれど、そこで東條さんをはじめA級戦犯になったいろいろな人と会ったわけだ。

結婚をめぐって

その頃、亡くなった母の妹の佐藤の智恵叔母が、小田急線の世田谷代田に住んでいたので、そこにも挨拶に行った。ニューギニアから帰ったとき、私の頭の中にあったのは、これから父もいないし、母もだんだん年をとって来るから、いずれにしても早く結婚しなくてはいけないということだった。

しかしそういう生活をしているから、なかなか女の人とつき合うようなひまもなかった。ただ慶應に行くときに、阿佐谷の駅への途中でよく会う女の人がいて、電車はバラバラだけど、また帰りにときどき一緒になったりした。どうも近所に住んでいるらしい。とても感じのいい人で、ああこういう人ならいいなと思ったけれど、知らない人にまさかいきなり話しかけることも、私にはちょっとできそうにないと思ったりしていた。

で、私にはどうしたらいいかわからなかったら、佐藤の智恵叔母が、最初に挨拶に行ったときに、実はあんたのお嫁さんとして考えている人がいるので、今度来たときに会ってみるかと言う。じゃあ会ってもいいですよ、と言ってそのときはそのままで帰った。

次の日に電話があって智恵叔母のところに行ったら、家が前の道路から少し奥に入ったところにあったのだけれど、その入るところの横に家庭菜園があって、そこに若い女の人が一人、手入れをしているのに気がついた。叔母のところに行ったら、ちょっと待っててくれ、呼んで来るからと言って連れて来たのが、家庭菜園にいたその女の人だった。

それでまあつき合ってみるかということで、私の方はいいという返事をしたが、向こうの方から断って来た。私は断られても何とかつき合いたいと思った。その女の人は智恵叔母の家の

二、三軒先に住んでいた。お父さんはやはり軍人さんで騎兵の少将だった。もともと向こうの両親は同じ軍人の仲間でもあり、向こうから言えば一つ位が上の沢田中将の息子で慶應の助手だというので乗り気だったらしい。

そこで結婚は断られたけど、ともかくおつき合いをしようということで、たびたび電話で呼び出してはたずねて行った。そこへ行くと、いつもお母さんが白いごはんを炊いて待っていてくれる。うちではそんな白いごはんなど食べられない。聞いてみると、もともとお父さんの出は甲府だが、甲府にお兄さんがいてそこからよくお米を送ってくれるということで、私が来るという日には白いごはんでお昼の食事を作ってくれ、どこかに出ると言ってもちゃんと白米のお弁当を作って待っていてくれる。それがうれしいと言ってはおかしいけれど、それも確かに訪ねたときの楽しみではあった。結婚したあとで妻に、ごはんを食べに来たんじゃないの、と言われたけれども——。

ともかくこの人と結婚したいと思ったのだから、私としては相手が非常に気に入っていたわけだ。なぜ気に入ったかということの一つは、つき合ってみると私のできないこと、たとえば私は人の家をたずねたときに、まず最初に挨拶するなどということが苦手だったが、そういうことがうまそうで、非常に社交的だということがわかったので、これはちょうどいいなという気もあった。

結婚にふみ切る前に、戦地から帰って来た報告を杉並の区役所に届けに行かなくてはならなかったので自転車で行った。区役所の自転車を整理しているおじさんがそのとき私に向かって、「旦那、ここにおいて下さい」と、旦那という言葉で呼びかけたので私はドキッとした。考えてみるとそれまで旦那などと言われたことはなかった。まず学生時代は旦那とは呼ばれない。それから軍隊に行っている間は沢田見習士官とか沢田中尉とかいう呼び方で、旦那という呼び方はまったくなかったので、旦那と呼ばれたとき、私は思わずドキッとした。それはいまだに印象に残っている。

というのは、旦那という言葉は一家の主人、それから奥さんに対する旦那、子どもの親という、いままで縁のなかった別の世界を前提とした呼び方だったからだ。旦那と呼ばれて最初は誰かと思ったくらいで、あ、そうか、私も他人から見れば旦那なのかなと思って、それじゃやはり早く結婚しなければならないと思ったのであった。

それでその女性（窪田澄子という名前だった）に、断った理由を聞いてみると、彼女は府立第一高女、男でいうと日比谷高校のようなところを出て、お父さんの関係で北朝鮮の羅南にいて、帰って来てもう一回そこに復学して速記を勉強していた。それで自分としては職業を持ちたいという気持ちがあった。一番ねらっていたのは国会の速記者だったらしい。それであるところまで進んでいたので、もっとそれをつづけて社会的な仕事をしたいという考えをもっていたのだ。

それからこれはあとで話してくれたのだが、彼女は友だちを介して会ったある大学の人で親しくしていた人がいた。両親は知らなかったらしいが、その人と結婚したいと思っていたらしい。ところがその人は台湾に行く途中の飛行機で事故にあって亡くなった、というのがその当時の状況で、そういうことが重なって、結婚について気が進まなかったということだった。

それで私は一所懸命何とかして「イエス」と言わせようと思って、最後にとうとうイエスと言わせて結婚することになった。その当時結婚すると言っても、ホテルなどが使える状況ではなく、飯田橋にある神宮会館と言ったか、その当時は大体結婚式というとそこでやっていた。神宮会館では料理は出してくれないので、大塚にあった角万という料理屋にたのむと届けてくれるという。

それで結婚式の日どりを決めたけれども、そういう時代だから松本さんにも声をかけないし、出席したのは媒酌の佐藤の叔父、叔母とうちの家族と向こうの家族、といっても澄子の弟はまだ戦地から帰っていなかったので、出たのは甲府の伯父、つまり澄子のお父さんの兄さんというまったく内輪の人たちだけだった。

その当時だからタクシーを呼ぶこともできない。行きがけは国電で飯田橋まで行き、帰りは、花嫁は髪を普通のに直して、また飯田橋から阿佐谷まで国電で帰って来たというような時代だった。まして新婚旅行などということはとてもできなかった。それが昭和二十一年の十二月八日だった。それでいつまでも「開戦記念日」だと言われていた。

その頃も売り食いはつづいていたので、澄子もお母さんがお嫁入りのために整えてくれた自分の着物を、片っぱしから売ることをせざるを得なくなった。うちにあるものより彼女のそういうものがはるかに高く売れたようで、その間彼女の方もほとんどすっからかんになってしまった。

長女由紀子誕生

結婚後、長女由紀子が生まれたのが翌年の九月十四日だった。そのときのことを私ははっきり覚えている。阿佐谷の家で産婆さんと産婦人科の先生が来て、家の一階の客間でお産をした。私はそのとき澄子にも産婆さんや産婦人科の先生にも了解を得て、一緒にお産の手伝いをすることになった。由紀子の出かけた頭を引っぱり出したのも確か私だったと思う。

はじめて子どもができて名前をつけたわけだが、そのときに実は、私は紙にこういうことを書いた。それは、私がニューギニアで、あるいは戦争の間に、絶対にここでは死なない、人間としてのいろいろな経験をしてからでなければ、とてもこんな戦争で死ぬなどということはできないと考え、それがその思い通りになった。多くの戦友たちが亡くなった中で、私は助かった。そのおかげでやっと結婚ができ、家庭を持ち子どもが生まれた。ここでやるべきことは一応全部やった。そして最初の子どもが生まれたことに、戦争のことを思いながら、心の中では言いようのない感謝の気持ちがあった。だからこの子どもが幸福に成長して行くことに、自分は生き残った命をかけるべきだ。この子のためにこれからはすべてを犠牲にしてでも、その幸福を守ってやろうということを決意して紙に書いたわけだ。

それを、いつか子どもが大きくなったら見せてやろうと思ってとっておいたが、引っ越ししているうちにいつの間にか失くしてしまった。

そんなことで最初の子どもが生まれ、それから二年後に次女の真弓が二十四年の五月十日に、翌二十五年の六月七日に長男の誠がやはり阿佐谷で生まれた。

村井実を知る

慶應の方では、前に言った教職員の適格審査の委員長をやっていた小林澄兄さんの、戦争中の言動がちょっとあやしいということで、松本さん、厨川さん、近山さんという三人の若い連中が、それを告発することになった。学内で大分反対する人もあったが、松本さんはそういうところでは割に強硬にやる人だったから、ついに小林澄兄さんが不適格となり、その書類を作って、私が文部省に持って行った。そのとき小林澄兄さんは私に、「松本君は私を不適格にしたけれど、これを文部省に出したらきっと否定されるから、かえって松本君たちがかわいそうだ」と言ったが、やっぱり通ってしまった。

そんなことがあって、だんだん私も授業を持つようになり、最初に私が教えたクラスに、大江晁とか中山浩二郎とかそういう連中がいた。最初私はフランス語でもっぱらベルグソンのものを読んだりしていた。

その頃のもう一つの大きな仕事は入学試験だった。入学試験になると慶應の塾監局の下に印刷所があって、そこで試験問題を印刷するのだが、その頃はまだ紙が悪いので、印刷しても紙に穴があって文字が抜け落ちたりいろいろなことがあるために、一枚一枚じっと見ている。そしておかしなことがあるとぱっと引き抜く、そういうことまでやらなければいけなかった。

私は神山四郎君とは親しくしていた。神山君は私よりも二年下だったか。私が帰った頃は肋膜か何かで入院していたけれど、一年くらいして退院した。彼は西洋史を出たが、歴史哲学をやっていて哲学科の助手に残りたかった。しかし松本さんが、いや君は西洋史の助手に残れと言って「うん」と言わなかったので、神山君はどうして残してくれないんだと松本さんにずいぶん文句を言っていた。松本さんとしては、非常に気の合ったそういう仲間が、何も哲学科だけではなくて、ほかにもいてもらった方がいいだろうということで出したかったらしい。

入学試験のとき神山君たちと、印刷所で試験問題を一枚一枚見ていると、そこで同じことをやっている、私たちの知らない男が一人いた。聞くと今度広島大学から慶應に来た村井実という男で、誰も彼にあまり話しかけていないし友だちもいない。そこで昼休みの帰りに偶然一緒になったとき私が話しかけて、それからよく話すようになり、すっかりウマが合ってその村井君と友だちになり、彼は神山君とも友だちになった。そして沢田、神山、村井とこの三人の友情はずうっとつづいた。

村井君はその当時荻窪に住んでいて、東京には単身赴任で奥さんはまだ広島にいた。奥さんは有名な教育学者の長田新氏の娘さんで、同じ入学試験の仕事をするから、終わるときはみんな一緒に終わる。帰るときは村井君と帰るので、帰りに阿佐谷で下りて、うちでめしを食ったり飲んだりして帰ったこともあった。

そういうふうに、阿佐谷にいる時代には村井君と一緒で、学校では神山君が友だちになり、松本さんとはもちろん予科の頃からの知り合いであり、松本さんのところへもよく行っていた。

ある日松本さんの紹介で東大の哲学科の学生の所というのが私のところにやって来て、自分はデカルトをやっていると言う。私がちょうどそのころデカルトの研究をしていたから、私のところに来ていろいろ聞いたらということで来たわけだ。彼はそれからずっとデカルトの専門家で中央大学にいた。それからしばらくして今道という東大の哲学科の学生も、松本さんの紹介で私のところに来たことがある。

朝鮮独立促進青年同盟のこと

一九五〇（昭和二十五）年に父が巣鴨から出ることに決まった。

その頃から、阿佐谷の家にわれわれ一家と、允明一家がいっしょに住むのはもう無理で、それぞれ別になろうかという話が出るようになった。

その前後だと思うけれど、西荻窪に朝鮮独立促進青年同盟という大きな組織があった。これは朝鮮が南と北に分かれているのを一つにして独立させようというグループだった。朝連というのが北の方の組織で、韓国の方はまた異なる組織がある。これとは別に、北も南もなく一つの朝鮮にしたいというのがそのグループで、西荻に大きな寮を持っていた。

全国にその寮があったが、そこの寮の学生にいわゆる大学の一般教育に当たる教育をしてほしいと、上智大学の小林珍雄《よしお》さんから私に話があった。小林さんはカトリックの信者だったので、同じカトリックの信者だったそのグループの長から小林さんのところに話がいき、そこで上智から何人かの先生が行ったのだが、松本さんに聞いて哲学の先生をということで、松本さんから私に行かないかと言われたわけだ。

最初私は社会学を教えることになって、阿佐谷から西荻は割に近くだから引き受けたが、一週間に二回、割にひんぱんに行っていた。そこの学生はもっぱら在日韓国（朝鮮）人の二世か三世で、日本語しか喋れない。だから韓国語の時間というのがあった。私はもちろん日本語で授業をした。当時そこの給料は非常によくて、給料と一緒に白米を一斗くらい俵でどかんと持って来てくれた。こちらは食糧不足の時代だから非常にありがたかった。

考えてみると当時韓国の人たちは、今度は独立したのだから自由がきくわけだ。それでいろいろな仕事を系統的に引き受けてやっていた。私は阿佐谷の駅を降りてすぐそばにあったラーメン屋によく行っていたが、そういう店の人たちは全部どこかの団体に属していた。上野などではとくに大々的にやっていたらしく、彼らはものすごくお金を持っていた。だから給料もよかったし、われわれに対しても盆暮にお米をくれたり、夏は合宿ということで、沼津のどこかに寮があってそこを借りてやったことがある。そのときには私はもう結婚していたから澄子も一緒に行った。まだ由紀子なんか小さかったけれど子どもも連れて行った。

私はもともと民族の違いに対しての差別意識はまったくなかった。南北を分けないで一つの国にするということにはこちらも大賛成で、そこの人たちとは親しくしていた。それでも最後には仕事が少なくなって整理されて行くに連れて、全国的な大きな組織だったのがだんだん小さくなり、ついにその荻窪の中央研修学校も閉鎖になってしまった。そんなことでしばらくの間、韓国とか北朝鮮というのではなくて、朝鮮人として独立したいという運動にかかわったのが阿佐谷にいる間の出来事だった。

日本哲学会発足

一九五〇（昭和二十五）年に父が巣鴨から出て来ることになったのと同じ頃に、哲学の方で一つの大きな出来事が起こった。

それまでは日本の哲学は各大学で、たとえば慶應では慶應で哲学をやっている人が集まり、卒業生も含めた三田哲学会という会をやっている。東大では東大の哲学会、京大では京大の哲学会というようにその大学だけの学会だった。ところがやっと一九五〇年になって、日本全体の哲学会を作ろうではないかという気運が起こった。物理学会とかほかのところでは昔からそれがあったが、哲学会にはなかったのだ。

そこで出隆さんや天野貞祐さんたちが音頭をとり、実際には当時民科（民主主義科学者同盟）と言われていた、どちらかと言えば左寄りの人たちが中心になって、日本哲学会というのを作り、各大学がそれに参加することになった。最初はその委員に慶應から松本さんが選ばれ、その関係で松本さんが私を事務局の幹事にした。幹事は各大学、東大や慶應など東京の大学から出ていたが、その幹事になったのをきっかけに、慶應だけでなく日本中の、とくに最初のうちは東京中の大学の哲学をやっている人たちとはじめて会う機会ができた。これは私だけではなく、日本の哲学界にとっても非常に大きな出来事だった。

日本哲学会の最初の頃は、独自の事務局などなかなか持てないので、岩波書店の図書室を借りてそこを会議の部屋に使っていた。会議があるときは日本中の大学から十二、三人の委員が集まる。そこへ必ず私も出ていた。そのうちに、私と同じくらいの年齢の幹事だけが集まって、お互いに何か哲学史の本を読む研究会を持たないかと、実は私が言いはじめた。

考えてみると、そういうふうに集まっているといつも何か言い出すのは私で、幹事をやっていた若い五、六人が、日曜日ごとに誰かの家に集まって、そこで哲学史を研究したり発表したりしはじめた。そういうことを通じて一つの大学の中だけではなくて、各大学の哲学者たちと話し合うことができた。とくに私は東京にいたから、東京の大学、東大、早稲田大学、中央大学、そういうところにいたいろいろな人たちと顔を合わせて、一緒に勉強することもできるようになったわけで、そのあたりが非常に違って来たと思う。

そんなことをやっているうちに、だんだんと私自身の中にも哲学についての考え方に違った面が出て来たけれど、それは後述することにする。

建築会社に逃げられる

長男誠が生まれたころ、巣鴨プリズンから出て来た父と話し合って、阿佐谷の家を売って、父母とわれわれが別に住むことに決めた。一緒に住んでいた允明も松山の、むかし彼が出た松山高等学校（現在の愛媛大学）に就職することになって、今まで阿佐谷の家にいた人がどんどん抜けて行く。そうするとわれわれと父たち夫婦だけでは家が広すぎるし、その当時のインフレと、私の慶應の給料、父の方は恩給はわずかにあったとしても軍人だから職を失っているわけだし、私のわずかな給料では阿佐谷の大きな家を維持して行くことは困難になって来ていた。それでもっと小さな家に、それぞれ別になって暮らそうということになり、父がまず小田急線の梅ヶ丘に土地と家を買い取ってそこへ移った。

われわれはちょうどその頃にはじまった住宅金融公庫の第一回の融資に申込んで、田園調布の松本さんの家から少し坂を下がったところに土地を見つけ、家を建てはじめた。ところがそのころ、住宅金融公庫のそれをあて込んで、小さな建築会社が建築を請負って住宅金融公庫からお金をもらい、そのあとどこかに逃げて建築会社を解散してしまうことがよくあった。私の頼んだ建築会社もその一つだったらしく、上棟式が済んだとたんに大工さんが来なくなった。聞いてみるとその建築会社はもうなくなってしまったということで、上棟式が済んだかっこうのまま、それ以上家が建たなくなった。

それで非常に困って、ちょうどその頃世田谷代田に住んでいた佐藤の叔父叔母がそこを引きはらい、浜田山に自分の家を建てて移ることになったので、その家を借りて住むことになった。

その頃はまだインフレがつづいていたから、父たちと別に住むようになって、父のものを売りに出して生活をするわけに行かなくなり、しょうがないので澄子が働きに出ることになった。

最初いろいろなところで働いたけれども、結局最後にそういうところが一番お金になるということで、銀座のバーに働きに出ることになった。彼女が夕方出かけて夜おそく帰って来る。そうすると子ども三人全部を私が見ることは不可能だったので、一番上の由紀子は一時梅ヶ丘の父たちが面倒を見てくれることになった。

夕方になって澄子が出て行くので、それからあと子どものごはんを作ったり、おむつを換えたり、おむつの洗濯をしたりそんなことを私が全部やった。昼間大学に行って夕方までに帰って来ると、それから澄子が働きに出て夜帰って来るのが十二時過ぎ、あるいは一時くらいになる。それを世田谷代田駅に迎えに行ったりする。そういう生活がしばらくつづいた。

それでどうしても田園調布の家が建ちそうもないので困っていたとき、村井君の家を建てた大工さんに彼が話して引き受けてくれることになって、田園調布の建てかけの家を引きついで建ててもらった。そこでやっといろいろなところでの間借りの生活が終わって田園調布に引っ越しをすることになった。その引っ越しのときには当時私が教えていた中山とか大江とかそういう学生がみんな手伝いに来てくれた。

バー「ボン」の常連たち

しばらくそういう形で、われわれは田園調布の家、父たちは梅ヶ丘で生活していたが、その頃渋谷の国電の駅と東急文化会館の間、いまではバスの発着所になっているけれど、そこに飲み屋がずっと並んでいて、その中の一つに「ボン」というおもしろい小さなバーがあった。年とったおばあさんとその娘さんがやっている店で、そのおばあさんと娘さんは、田園調布のわれわれの家から少し離れたところに住んでいた。

そこは慶應や東大の駒場、学習院の先生が常連で、最初に「おもしろいところだよ」と誘ったのが仏文の白井浩司君だった。小さな汚いところだったけれど、みんなそこに集まってはウイスキー、安いトリスを飲みながら議論ばっかりする。慶應ではそれまでもっぱら仏文の先生が多かったが、東大からは大森荘蔵君や、哲学科の当時助教授だった山本信君が来ていたし、学習院からは西洋史の人たちが来ていた。学習院で西洋史を教えていた三笠宮もそこにいっぺん来たことがある。

私もそのバーでよく喋ったりしていたけれど、そういう人ばかりで、ほかの人がふらっと入って来てひょっと中を見ると、みんな盛んに議論をしているので、そんな人は大てい退散してしまった。

慶應と東大駒場、学習院の先生のほかに、文学座の芥川比呂志だとかそういう人がよく来ていて、飲みながら議論ばかりしていた。集まったのが大学の先生だからそういうことになったのだろうけれど、そういうところは非常に珍しかった。私も一回行ったらすっかりそこの雰囲気が好きになり、学校にいるときよりもかえってそこでいろいろな人と議論ができた。そこで議論をはじめた最初の哲学者の一人が大森荘蔵君だった。

その頃銀座に勤めていた澄子のことがわかって、慶應の理事だった橋本孝さんがある日私を呼んで、君の奥さんが銀座に勤めているということだけど、慶應の教務に勤めるんだったら口をきいてやると言われて、澄子は慶應の教務部に勤めることになった。子どもたちはお手伝いの人がいたから、われわれがいなくても何とかなった。

それで昼間二人とも慶應に勤めて、慶應が終わると私はうちに帰らないで「ボン」に行く。そのうちに慶應や駒場の東大や学習院から、いつもの仲間がだんだん集まって来る。澄子の方も教務の仕事が終わったらうちに帰らないで「ボン」に寄る。店のオーナーがうちのそばだったから、大体十二時近くになって店を閉めると、そのオーナーと一緒にわれわれも家に帰ったわけだ。

そんなことで、当時この渋谷の「ボン」という小さなバーは、われわれの生活の一部であるけれども、私自身の学問、あるいは交友との関係からいうと、非常に大きな意味を持った場所だった。

私はその頃、そろそろフランスの実存主義、サルトルやそんなことから抜け出したいと思っていた。その抜け出すきっかけになったのは、ブリス・バランというフランスの批評家の書いた、『言語の本性と機能』という本だった。これはサルトルが「シチュアシオン」の最初のところで触れている本だが、その原書を丸善かどこかでみつけて読んだら大そうおもしろくて、夢中になってほとんど最後まで読みとおした

それはいかにわれわれの思想が言葉と関わりをもっているかを明らかにしたものだった。いままではわれわれが頭で考えているとき言葉はほとんど問題にしなかったけれど、考えているのは言葉で考えているので、言葉というものが私たちの考えに非常に大きく影響しているのだということが、ブリス・バランのその本に書かれていた。

言語に関心をもっていたちょうどそのときに大森君と会い、その頃論理実証主義という新しい論理学と言語にもとづいた哲学が日本に入って来て、大森君などがそれに興味をもってそういう立場から話をした。それは私にとって非常に刺激的であって、私は、そうでなくても言葉というものに関心をもっていたし、新しい論理学の立場から見た言葉についての考え方がその哲学の中心だったから、それにすっかり魅せられた。私もこれからそういう哲学をやろうと思ったのは、この渋谷の「ボン」で大森荘蔵君に会って、そこでいろいろな議論をしたからだった。それは非常に大きな出来事だった。

第二章　ハーバードへの留学

ルート66のバス旅行

そうしているうちに、大森荘蔵君がハーバードに留学することになった。そのときに大森君が、向こうに行ったら私を何とかハーバードに来られるように、いい機会があったら世話してあげましょうと言っていた。ところがそれとはまったく関係なしに、大森君がアメリカに発ったちょうどその頃、慶應にハーバード大学のハーバード・イェンチン・インスティテュートから、ある企画がもたらされた。

それはイェンチン・インスティテュートのプログラムとして、最初はインドも含めていたけれども、日本、台湾、韓国、そういうところから学者を集めて、ヴィジティング・スカラーズ・プログラム、つまり訪問教授ということでハーバードで好きな勉強をする、その費用は滞在費も含めて、全部イェンチン・インスティテュートが持つというもので、その第一回の招請が、慶應や東大、京大、そのほかいくつかの日本の大学に来た。そこで慶應でだれを選ぶかということになった。

イェンチンというのは燕京という中国語の英訳で、中国共産党が中国を支配する前に、北京に燕京大学というのを作った人がいた。彼はハーバードの卒業生で、タイタニック号に乗っていて死亡した大富豪だった。ハーバードの図書館も彼が寄贈して作ったのだが、中国が共産党の支配下に入ったために、燕京大学を引き揚げて、ハーバードの中に東洋文化の研究所としてイェンチン・インスティテュートを作ったわけだ。

当時、論理実証主義の影響がアメリカの哲学界でも支配的であったが、アメリカでは論理実証主義の狭い考え方を少し拡大して、いわゆる分析哲学と呼ばれていたが、その中心がハーバードのウィラード・ヴァン・クワインとモートン・ホワイトの二人だった。その頃私は前に言ったように言語を中心にした哲学に興味をもちはじめていたので、ぜひハーバードに行きたいと思った。一方、そのときのイェンチン・インスティテュートの長、プレジデントが、エリセフという有名な白系ロシア人だったが、そのエリセフと親しくしている慶應の東洋史の松本信広さんが、やはりそのプログラムで行きたいということになった。

ところがプログラムの条件として四十歳以前の人が望ましいということがあった。信広さんはもう五十を過ぎて六十近かった。私はまだ三十八かそこらだったから、私の方が条件としては合っていたわけだ。ただし文学部では西洋史のAさんが、松本信広さんを盛んに推していて、文学部の教授会の中で、片方は西洋史のAさんが松本信広氏を、片方は松本正夫さんが中心になって私を推すということで両方に分かれて大分長い間ごたごたしたらしい。結局最後に全員で投票をやることを松本さんが主張したら、Aさんがそれじゃ降りると言ったので、私ということになった。

それで私がハーバード・イェンチン・インスティテュートのヴィジティング・スカラーズ・プログラムの第一回目として、ハーバードの哲学科に留学することに決まった。前述したように当時ハーバードの哲学科には、ホワイトという有名な私と同じくらいの年齢の若い哲学者がいたが、彼はそのちょっと前から、東京大学とスタンフォード大学との間でやっていた、夏を中心にしたアメリカン・セミナーの哲学の担当として来ていたことがあり、そんなことで大森君がホワイトに対して、向こうでも私を推薦してくれたらしい。それでなくても一応日本でも私ということに決まったので、そのまま大森君が向こうに行ったのに三、四か月遅れて私がハーバードに行くことになった。一九五四（昭和二十九）年の六月頃だった。

最初のうちは家族を連れて行くという規則になっていなかったし、私一人で行くということで田園調布の家から出発して羽田に行った。その当時羽田は今のように大きな飛行場ではなく、ちょうど小さな地方都市の飛行場のようにちょっとした建物があって、そのすぐ目の前に飛行機が一台降りて来て止まり、それに乗り込んで出発するという状況だった。

そのときはまだジェット機ではなくてプロペラ機だった。ハーバードの方からは、まずボストンまでの飛行機の切符を送ってくれていた。しかし私はそれまで外地に行って英語を使った経験もなく、フランス語を中心に喋ったりしていたので英語を喋ることには自信がなかった。それでハーバードにいきなり行くよりも、バス旅行をかねてバスで長時間行けば、その間にいろいろな経験をするだろうと考え、有名なルート66という長距離バスに切り換えることにした。

あとでわかったのだが、そのことがハーバードでも話題になり、今度のサワダというのは飛行機で来ないでバスで来るというのでびっくりして、珍しい男だと思っていたらしい。そんなわけで、まず飛行機でカリフォルニアのサンフランシスコまでいき、そこからバスでずっと内陸の砂漠を越えて行くその道（ルート66）をとって出発した。

通信教育部のことなど

時間的にはアメリカに行く少し前に戻るが、一九四八（昭和二十三）年に慶應義塾大学で、昼間の学生のほかに通信教育部というものを作った。これを作るのに中心になって動いたのが、私を慶應に残すことについて話をしてくれた橋本孝先生だった。私はまだ助手だったから、最初の頃は正式の授業は持たなかったけれど、アメリカに発つ前くらいには助教授になっていたので、通信教育部の授業を持つことになった。

そのためには、まずテキストを書く。私は前にフランスの哲学をやったりしたので、「現代のフランス哲学」という題でテキストを書いた。そのほかに夏にスクーリングというのがあって、三田や日吉に集まって通信教育の学生たちが授業を受ける。それに出されて通信教育の学生たちに授業をした。

ところが通信教育の学生というのは年齢はどうでもいいわけだから、中には五十か六十に見えるようなひげをはやした人たちがいる。私はまだ三十代のはじめくらいなので、最初はそういう人たちの前で話すのは何となく気が引けたけれど、それでもすぐに慣れた。

通信教育部ではそのほかに、科目試験や講演をやるために地方への出張を頼まれることもあって、あるとき助教授の私と、国史の教授の松本芳夫さんと、通信の助手をしていた横山寧夫君の三人で奈良へ行った。

一九五三（昭和二十八）年の秋、アメリカに行く少し前のことだ。京都から近鉄に乗って奈良駅に着いたが、今の奈良駅とちがってほんとうに簡単な、地上にすぐ降りるような駅で、改札口のところで通信教育の学生が三、四人待っていてくれて、われわれをホテルに案内したり、その他奈良でのいろいろなことの手助けをしてくれた。その中の一人に園田桂子という人がいた。この園田桂子が今では沢田桂子になっているが、そのときにはじめて通信教育の学生として知り合ったわけだ。

サンフランシスコからボストンへ

話をアメリカへの旅行にもどすと、当時はまだジェット機ではなく普通のプロペラ機だったから、グアム島で給油をし、ハワイを経てサンフランシスコに着いた。サンフランシスコからバスに乗りロスに行って、それからずっとルート66という、アメリカの砂漠のまん中を突っ切ってセントルイス、フィラデルフィア、ニューヨークを通ってボストンに着くというバスだった。全部で四日くらいかかったと思う。

サンフランシスコで一日か二日泊ったあとバスに乗った。このバスは大体一時間くらい走ったら止まる場所があって、トイレに行く人はトイレに行く。そして朝とお昼と晩とは一時間くらい止まって、その間にそこにある食堂で食事をとるというものだった。

私はその途中、ロスアンゼルスを出てからロッキー山脈を越えてしばらく行ったところで別なバスに乗り換え、あるところに寄った。それはグランド・キャニオンで、そこは前からいっぺん行ってみたいと思っていたところだった。ちょうど通り道だったのでバスを乗り換えてグランド・キャニオンを見たわけだが、その壮大な景観にはいかにもアメリカらしいという感じをもった。

そこからもとのところに戻って、次のルート66を通るバスをつかまえそれに乗った。しばらくするとほんとうに一日中まっすぐな道、しかも砂漠の、周りに何もない、あるとすればサボテンが生えているだけ、そういう道を通って行った。そして確か三日目に着いたのがセントルイス、そこで一晩泊った。

食堂に行って食事をしたとき、どこから来たかと聞かれて、私が、日本から来た、「アイ・ケイム・フロム・ジャパン」と言ったところが、「おお、ジャーマニー?」と言われた。要するにジャパンと言わなければ通用しないわけで、アクセントをどこにおくかが非常に重要であるとわかった。バス旅行のおかげではじめてそういうこともわかった。

ミシシッピ河のそばにも行ってみた。映画でよく見たミシシッピの昔からの、周りに水ぐるまのついた船がいまだに動いていて、お客さんを乗せて観光目的にやっているのを見たりした。

セントルイスからまた次の同じ系統のバスに乗り、フィラデルフィアを通ってニューヨークに着いたのがその翌日の夜中の二時か三時だった。そこで驚いたのは、いまだったら東京でも同じようなことが起こっているけれど、バス停の近辺が夜中の二時だというのに人通りが途絶えない。その当時日本では夜中の二時といえばもうみんな寝静まって、外はだれも通っていないのが普通だと思っていたのが、何と一晩じゅう人が通っている。要するに二時であろうが三時であろうが、明け方まで人が通っているというのをそこで見て、アメリカと日本との違いに気がついた。

そのあとニューヨークからバスで六時間くらいかかってやっとボストンに着いた。ボストンでバスを降り、それからハーバードに行くのに、バス停から電車に乗って行ったと思う。ともかくハーバードのヤード（ハーバードではキャンパスと言わないでヤードと言う）に着くと、前もって大森君の家に電話しておいたので、彼が迎えに来てくれていた。大森君の住んでいる下宿が一部屋空いていたので、そこへともかく落着くことにして荷物をおき、それからハーバードのイェンチン・インスティテュートに連絡に行った。

イェンチン・インスティテュートの人々

ちょうどその日はハーバードの卒業式のため大部分の人が式典に出ていて、私の行ったそのイェンチン・インスティテュートの建物には二、三人しか残っていなかった。そこで残っていた一人の男、これはバクスターという人だったが、そのバクスターに対して、私が「マイネーム・イズ・サワダ、アイ・ケイム・フロム・ジャパン」と言ったところが、バクスターは、「ソーリ・ミスターサワダ・イズ・ノット・ヒア・イェット」、つまりまだ沢田さんはここに着いていないという。あれ、私が着いたと言っているのに何を聞き違えたんだろう、やっぱりまだ私の英語は通じないんだなと思って、もう一回言い直したらやっと彼にもわかった。

そんなことをきっかけにバクスターとはその後非常に仲よくなり、日本に帰ってからも彼が来日したときは、一緒に食事をしたりしたこともあった。

ともかくそんなことで、私は飛行機で来ればいいのに、わざわざ何日もかかってバスで来たということで、向こうはちょっと特殊な目でというか、それだけ探求心がある男だと見たのだろう。

バクスターと会ったあと、ハーバード・イェンチン・インスティテュートのプレジデント、つまり所長のエリセフに会うことができた。彼はロシアの有名な商人の家の出で、トルストイの小説「アンナ・カレーニナ」の中にも確かこのエリセフの店でカキを食べて帰って来たという描写がある。

エリセフは革命後フランスに亡命して、フランスで東洋、とくに日本を研究し、東京大学に留学してそこでずっと正規の学生として勉強した人で、驚いたことには当時の吉原なんかにも行ったらしく、そういう芸者さんの言葉もよく知っていて、いきなり私にそんな言葉を使って話しかけ、私が驚いた顔をしたらニコニコ笑ったりしていた。日本から来たサワダです、と言うと、よろこんで迎えてくれ、君の大学の松本信広さんは元気でしょうかなどと言っていた。

こうして私を招いてくれたイェンチン・インスティテュートの人たちと一応会った。エリセフの次の所長でのちに日本の大使となって来日したライシャワーにもそこで会った。彼も日本語が非常に上手だけれど、そのときは英語で喋った。のちにエリセフがここの所長をやめて、そのあとにこのライシャワーが所長になったわけだ。ライシャワーの前の奥さんが亡くなったときには私もお葬式に参列した。

チョムスキーに出会う

ともかく大森君がいてくれたおかげで、大森君と一緒の下宿に住むことになった。それは六月の中頃、卒業式が済むと夏休みになるときで、実際の大学は九月まで休みだった。その間は授業はないから、あっちこっち歩いたりいろいろなことをして、アメリカの生活に慣れるという格好な休みの時間だったわけだ。

ちょうどその頃、私が日吉の予科に入ったときに心理学を教えていて、私をぜひ心理学科に引っぱりたいと言っていた横山松三郎さんが、彼の出たアメリカのデンバーの大学で名誉学位を受けるためにそこに行っていたが、私がハーバードに来るのを前から知っていたので、こちらに寄るということだった。

そのうちにその横山さんがハーバードに来て、久しぶりに会った。そのときにもう一人法学部の助手をしている双生児の米津姉妹の妹さんの方がハーバードに来る、と横山さんが伝えてくれたので迎えに行って、米津和子さんもわれわれの仲間に加わった。大森君と私のいたところにもう一つ部屋があいていたので、そこに米津さんも住むようにしてあげて、横山さんは近くのホテルに宿をとった。それから横山さんと米津さん、大森君と四人でハーバードの夏休みの間、近くの場所をあちこち訪れたりして、アメリカの生活に慣れる期間を持つことができた。

夏休みが終わって、いよいよ授業が始まった。当時ハーバードの哲学科には前に言ったホワイトのほかに、論理学でもちろん有名なクワインという先生がいたけれど、このクワインの弟子の論理学者のドレベンという人がわれわれと非常に親しく接触してくれて、講義のわからないところを聞いたりすると、これこれこういうんだなどと言って助けてくれた。大森君と二人でドレベンとよく話し合った。

講義としてはクワインの論理学の時間と、ホワイトの哲学の時間、その二つくらいに出て、あとは図書館にはあまり行かずに、そのあたりの本屋を漁って本ばかり買っていた。

このハーバード・イェンチン・インスティテュートの第一回のヴィジティング・スカラーズ・プログラムで行った人は何人かいて、その中には日本で買えなかった中古車を買って乗りまわす人もいたけれど、私は本ばかり買っていて、たちまち私の借りている部屋の本棚はいっぱいになってしまった。

最初に会ったバクスターとか、ホワイトやクワインも私のうちにたずねて来たりしていたので、イェンチン・インスティテュートの方には、私がどういう生活をしているかがわかったのだろう。私が二年目にもう一年滞在を延ばしたいと言ったとき、ほかにも何人かそういう要求をした人がいたが、私がそれに選ばれてもう一年延ばすことができた。それはあとで聞くと、私が遊びまわっていないで、本ばかり買って一所懸命勉強していることがわかったかららしい。

その頃イェンチン・インスティテュートのプログラムで行った人とは別の日本の学者とも知り合う機会があった。そのうちの一人に日本に帰ってから有名になった宇宙物理学者の小田稔という人がいた。

またMIT（マサチューセッツ工科大学）はハーバードの隣の町にあって、お互いに授業が交換できたが、ドレベンがあるとき私をMITの食堂に連れて行ってそこである男を紹介してくれた。ドレベンは、これはチョムスキーという非常によくできる男だと言った。まだ彼はその頃はジュニア・フェローだった。要するに大学院で非常に優秀だったために、自由にお金をもらって研究するという制度だが、そのジュニア・フェローの一人だったわけで、そこでいろいろ研究をしていたらしい。のちに有名になったノーム・チョムスキーだ。

今思い出したことがある。私がちょうど着いた日が卒業式だったと前に言ったが、私はその卒業式がどういうものかと思ってちょっと見に行った。

ハーバードのヤードの中に学生がみんな集まって、露天だがそこに台を作って総長や来賓がいた。確かドイツのアデナウアーが招かれていて喋ったのを聞いた。私の前に並んでいる椅子の一番隅っこに女の人が二人いて、一人が隣の人の手をとって、何か一所懸命している。何をしているんだろうと最初はわからなかったが、あとで気がついたらそれがヘレン・ケラーで、そこに招かれていて、そばについている女の人がいまどういうことを言っているかを手で教えていたのだ。そこでヘレン・ケラーという人をはじめて見たわけだ。

沢田ラーメン

前に述べたように、私はクワインの論理学の授業と、ホワイトの哲学の授業に出たが、もちろん最初のことだから、言っていることの半分もわからない。まあ漠然とどういうことを言っているのかくらいしかわからなかった。

私はそのとき、できるだけ英語を聞きとるにはどうしたらいいかと考えて、そうだ、映画を見に行こう、これだったらいやおうなしに英語だけで筋がわかるようになるだろうと思って映画を見た。それからできるだけわかりやすい本、私の好きな推理小説ということで、アガサ・クリスティのものを片っ端から買って来て読んだ。クロフツも読んだ。映画は授業のない間は毎日のように、一日二回行ったこともある。そんなことをやっているうちに、少しずつ映画の内容も、どういうことか大体わかるようになったし、英語の授業の方もだんだんわかるようになって来た。

ただしクワインの授業は、アメリカの学生でもよくわからないというので有名だった。同じ授業でアメリカの学生とも知り合ったけれど、彼もクワインの授業は、どういうことを言っているかよくわからないというので、帰ってからみんなで一所懸命額を集めて議論をしたりしたことがあった。クワインは独特のクワイン用語というか、表現法があって、確かにむずかしかった。彼に比べるとホワイトの方は割にやさしかったと思う。

あるイェンチンの教授の奥さんが私の英語の担当になって、喋りながら発音のまちがいを直してくれたり、いろいろなことをしてくれて、これもちょっと楽しかった。大森君は結婚したばかりだったが、奥さんも呼ぶことになって、その奥さんが来てから大森君は私の下宿とは別なところに移り、私はまだウェンデル・ストリートの、部屋が五つくらいある大きなところを借りて、キッチンがあるのでみんなをうちに呼んで、一緒に日本料理を作って食べたりした。

その頃ハーバードで沢田ラーメンが有名になった。私はもちろん、日本人はラーメンが好きなのだが、アメリカでは食えない。私はラーメンのおつゆを作ることは日本にいるときからやっていたから、いいダシをとっておつゆを作った。ところが麺がない。そこで私は考えて、スパゲティの0番というやつで代用させることを思いついた。これがスパゲティで一番細く、腰が固くて、日本で食べるラーメンのように縮れてはいないけれど、まさにラーメンと同じような感じなので、それを使ってラーメンを作ったのだ。みんなそれを食べて、ああラーメンだと感激してくれる。それで沢田ラーメンが有名になったものだ。

沢田ラーメンついでにいうと、最初は大森君と同じところにルームを借りていたので、食事はつかないから朝外へ食べに行って、お昼にまた出て、晩にまたどこかに食べに行く。最初のうちはどうせ外に出るから外で食べていたけれど、雨の日などは外に出なければ食べられないのは非常に不便だった。また外食は食べるものが限られていて、日本のようにおそばやうどんがあるわけではないからあきてしまう。どうしても早くキッチンのついた部屋を借りたいということでいろいろ苦労をして、やっとそういうところを借りることができた。

当時の日本の生活に比べ、アメリカは材料は豊富で安く、われわれのもらっている給料でも、自分で肉を買っていつでもステーキを食うことができる。外で食べると、その頃ですら安いものので三ドル、高いもので五ドルくらいだった。

スーパーに行けば、牛肉、豚肉、鶏肉、羊の肉、何でも当時の日本から見れば非常に安く売っているから楽しくなって、キッチンのある部屋に移ったとたんに、自分でスーパーに買い物に行って、いろいろなものをみつけて料理をすることが楽しくてしょうがなかった。そのうちに沢田ラーメンを思いついたわけだ。

何しろボストンというところは海のそばだし、イタリー人も多いから魚屋さんがたくさんあって、日本と同じような魚もある。はまぐりなど安いもので、よく買って来ておつゆを作って食べたりした。

それからボストンにはオイスターハウスという有名な場所があって、生のカキを食べさせてくれる。これは日本人だけではなくアメリカ人も大勢来る名所の一つになっていてそこにも行ったが、自分で買って来て食べることもできた。キッチンを持っていると、材料は豊富だし安いし食生活は非常に豊かで、日本にいるときよりもはるかにおいしいものを自由に食べることができた。

最初の年のことでもう一人言っておかなければならないのは、永富さんという人のことだ。彼は京都大学で仏教学を専攻し、お父さんがロスアンゼルスでお寺を持っていた。その頃彼はまだ大学院の学生でこれから学位論文をとろうというときだったけれど、非常に愉快な人でとても気が合って、最初にキッチンのある部屋を予約したのも彼と一緒で、彼にその一部屋を貸した形だった。

永富さんは一年目の終わりくらいにロスアンゼルスのお父さんのところに帰って、そこで結婚の相手が見つかり、結婚してまた帰って来ることになって、私の住んでいた二階のはす向かいに、一軒の家を借りて住むようになっていた。

妻をアメリカに呼ぶ

そういうふうにして最初の一年、そして二年目に入っても、同じような生活をくり返していた。そのうちにそういうアメリカの生活は日本にいたのではわからないから、澄子を呼びたいと思った。ハーバードに交渉したが、その当時はそういう制度になっていなかったのでなかなかうんと言わなかった。しかし、何とか自分で給費を節約して、二年目に澄子が日本から来ることができた。ちょっと前に大森君が奥さんを呼んで一軒の別の家に移って住んでいたので、私も澄子に外国の生活を味わわせておきたいと思って呼ぶことにしたのである。

それと同時だったと思う。私の滞米の期限は二年だったのだが、もう一年延ばすことを希望する人は延ばしてもいいということになった。それで私とあともう一人が申し出て、私が三年いることになり、澄子は二年目の終わりに来て帰るまでいたわけだ。

それからは澄子との生活に入るのだけれど、日本から単身で来ている人たちは、同じ日本人の家族のところに集まりたがる。これは心理的にどういうことがあるかは知らないが、奥さんが料理を作ってくれるのを食べたい、日本料理を食べたいという人たちも多かったと思うので、われわれのところには大ぜいの留学生がよく集まって、場合によっては明け方までお酒を飲んで騒ぐ。澄子が来てからそういう生活がつづくようになった。そして同時にボストン地区の日本人会の会長も引き受けさせられて、いろいろな日本人会の行事もやるようになっていた。

また岡倉天心がアメリカに行ったときに連れて行ったという、その名前をどうしても思い出せないのだが、日本人で、奥さんはアメリカ人、その人がボストン美術館の東洋部の部長をしていて何かのことで親しくなった。彼はボストン・シンフォニーの席を持っていた。その席を、自分たちは行かないから使ってくれというので、毎月ボストン・シンフォニーの公演を聞くことができた。

三年目の六月には日本にもう帰らなければならないことになっていたが、ちょうどその頃に澄子が妊娠したとわかり、生まれるのが七月だということだったので、六月に帰るわけには行かない。それでハーバードの方にも了解してもらい、八月くらいに帰ることにして、七月のはじめに澄子はボストンのシティ・ホスピタルの産婦人科に入院した。彼女が英語でうまく病院のことに対応できないというので、診察のときから私が一緒について行ったりした。

出産となってこちらは心配したけれど、やっと男の子が生まれてうちに連れて帰った。昭和三十一年七月十一日だった。当時はアメリカで生まれたから、アメリカに国籍があり、二十歳になってから自分の意志で、アメリカの国籍を持つか、それを捨てるか本人が決めるという制度だった。

名前はボストンとケンブリッジを流れているチャールズ・リバーを記念して、チャールズとするはずだった。そのとき考えたことは、チャールズだからチャーリーだ。チャーリー・チャップリンと同じわけで、私はチャップリンは好きだけど、何となくチャーリーよりも、ほかにもう少しおごそかな名前はないかなと思って、電話帳でAからはじまる名前を見て行くうちに、あるところでひょっと、あ、アーサーがある、とわかった。アーサーという王様がいる、じゃあそれにしようということで、生まれたばかりの子にアーサー・貢という名前をつけた。

前に言った小田稔さんのアメリカでのガールフレンドで、ヘンリエッタという女性がいた。彼女は、アメリカは何でもお金、お金で、ほんとうにいやな国だ、日本はまだ古いところがのこっていてそれはいやだけれど、国としてはとてもいい国だ、お金のことは考えなくていいようないい国だ、というふうに日本を理想化して考えるところがあった。それは彼女だけではなくて、当時の日本のことを知らないアメリカ人の中にそういう考えがあったらしい。イメージといった方がいいかもしれない。

決してそうではない、日本にもいくらでもお金を欲しがる人がいるし、アメリカと同じようなことになっているんだと言ったのだが、小田さんが帰ったあと、彼女がたびたび私のところに出入りするようになり、今日はどこかに行こうなどと誘いに来る。

しかも彼女は私に、哲学とは何なのかとか、実存主義とはどういうものなのかと聞く。そうすると私はそれを英語で説明しなくてはならない。考えてみると英語で一日中つきまとわれて喋って、しかも実存主義とは何かを説明しなくてはならないというような機会は、彼女でもいなければないわけで、これは英語をポリッシュするには一番いいという気もあって彼女とつき合っていた。

ヘンリエッタは澄子が来てからもよくうちに来て、一緒にごはんを食べたり、遅くなって泊って行ったりしたこともある。今でも写真が残っているけれど、アーサーが生まれたときに、われわれ以外に一番先にアーサーを抱いたのがヘンリエッタだった。お守りなどもしてくれた。

そうしているうちにアーサーが生まれて、もう大丈夫ということで、八月の終わりか九月のはじめに、日本に帰らなければならないことになった。そのとき実は自分の費用の中で澄子を呼ぶということをしたものだから、いろいろなことでずい分お金がかかった。ほんとうはそんなことをしてはいけなかったらしいのだけれど、私の帰りの分の飛行機の切符を現金に換えたり、帰る日がまた先になったりしたものだから、仕方なくまたイェンチンに交渉して、帰りの分は出してくれることになった。

その前から私は、アメリカ人はみんな留学のときに家族を連れて来るのに、日本人だけそうではないのは不公平だと言って、ぜひ家族を呼ぶ制度を作ってほしいとイェンチン・インスティテュートの当事者に強く申し入れ、そのためにもう少し多く出してもらわなければ困るということもたびたび言っていた。私は何となしにインスティテュートのお金で渡米した仲間の代表のようになって、いろいろなこと、向こうのいやがることも全部引き受けて交渉していた。

ともかく向こうがそれを出してくれた。しかし飛行機ではとても足りないし、たくさんの本を日本に持って帰るためには、どうしても船でないと安く行かないというので、貨客船をいろいろ探し、やっとロスアンゼルスから日本に向けて出る貨客船を見つけて、それに乗る契約をした。

それでカリフォルニアまでは飛行機で行くことにした。何しろアーサーが生まれたばかりだからそんなに時間をかけるわけには行かない。アーサーを抱いてロスアンゼルスに着き、空港で荷物をたくさん持っていたから、それを集めて腰かけていて、ひょっと気がついたら、澄子の持っていたはずのバッグをとられてしまっていた。その中に私のただ一つ残っていた写真機も入っていたし、そこでもうお金がいよいよなくなってしまった。

船に乗っても、ボーイさんに対してとかいろいろなことでお金が必要になるし、切符はもう支払ってあったが、日本に帰るまでどうしても持ちそうにない。仕方なくロスアンゼルスにいた永富さんのお父さんの家に電話をして、実はこうこうでお金をとられてしまったと言ったら、早速お父さんが来てくれたのでお金を貸してもらい、それでやっと船に乗った。

船では船室にアーサーをおいて、われわれは食堂に行って船長さんや機関長さんと一緒に食事をする。海が荒れていたので、船室に寝かせたアーサーは、船がゆれると周りをふとんで固定していた。そんなことをしながら一週間くらいかかってやっと横浜に着いた。

第三章　組合委員長、通信教育部長の頃

岩崎武雄さんのこと

その年一九五七（昭和三十二）年は、九月に帰って来たために授業の担当はみんな決まっていたから、私は来年まで授業を持つ必要はなく、割に自由にいろいろなことができた。

それを機会に次のことをまず考えた。アメリカに行って、はじめてそういうことが目についたというか、そういう考えになったのだが、日本ではそれまで同じ学校の中でなら話をする、あるいは実存哲学をやっている研究者は、大学は違っても集まって話をする。マルキストはマルキストで、大学を越えてマルキシズムを信じている人の集まりとかいろいろなものがある。ところが主義が違うと日本ではほとんど集まりがなかった。

そこで私は主義とか主張、哲学上のスクールは違っても、違っていればこそ違った同士で、基本的な哲学の問題について話し合いをすることが必要ではないかとつくづく思った。それで日本哲学会を中心に知っていた、たとえばマルキストや実存哲学の人、松本さんのような中世

の哲学をやっている人、そんな中の若い人たちが一月に一回集まって、まず最初に「哲学とは何か」、その次には「存在とは何か」、そういう基本的なことについて、違ったスクールの人たちが語り合ったらどうかと考えた。

それでそれぞれのスクールの主な人に声をかけて集まってもらって、大体その年いっぱい、次の学年の始まる前は忙しくなるから、それまでの間そういう会を持った。場所は務台理作さんや松本正夫さん、岩崎武雄さんの家を借りて、毎回七、八人、多くて十人くらいが集まった。

自分が言い出したからそういうのは変だけれど、そのことは非常によかったと思う。たとえば寺沢恒信君などはマルキストだが、そのことをきっかけに、それまで関心をもたなかった科学とか論理とかいうことについて関心をもちはじめて、マルキストの中では科学哲学、あるいは論理というようなことに対して、一番エキスパートになったくらいだ。

その集まった場所の一つである岩崎武雄さんのことを言い忘れたのでつけ加えておく。私がアメリカに行って、澄子が来てからだと思う。シカゴ大学に留学していた東京大学の岩崎武雄さんが、日本に帰る前にハーバードのサマースクールに出るために、ボストンに寄るからよろしくたのむ、と誰からか連絡があった。

それまで岩崎さんとは日本哲学会で顔を合わしたことはあったけれど、喋ったことはなかった。飛行場に迎えに行くと、サマースクールに出る間の部屋を探さなければならないということなので、私の家のそばに探してあげた。食事はうちに来て食べることになった。

岩崎さんとは最初飛行場で会ったときにいろいろな議論をして、私は岩崎さんに反論をしたのだが、彼はものすごく怒ったようになって反論しはじめた。それでも彼の荷物を持ってあげたり、うちに食事に来たりしたもので、すっかりうちとけてくれた。そうなると私はこれはいい機会だと思って彼の言うことに反論し、そうしているうちに彼もおもしろがって議論するようになった。

彼はわれわれが九月に帰る前に、サマースクールが終わって八月くらいに帰った。帰ってからしばらくして、岩崎さん自身が、割に家が近かったこともあり、ふらっとたずねて来たりして、家族ごとつき合うようになった。何となく気が合ったというのか。岩崎さんはどちらかといえば私のやっているような哲学ではなく、ドイツのヘーゲルだとかそういう哲学をずっとやって来た人で、彼と話していると私がやっつける、彼が反論する、そんなことを通じて彼はだんだん分析哲学に興味をもつようになり、その意味でも非常に親しくなった。

ついでに話すと岩崎さんの一番上のお嬢さんに、だれかいい結婚の相手がいないかと私に相談に来たので、慶應を出た青年を紹介してあげたら、二人ともすっかり気が合ったらしく、岩崎さんが私に媒酌を頼むということで、両方知っているわけだから引き受けた。そのとき岩崎さんは哲学の主任教授で学部長もやっていたので、東大紛争のときに閉じこめられて苦労したりしていた。

結婚式のときには東大の人たちがたくさん来ていたが、そのうちの一人が、こんなことは珍しい、東大の先生で媒酌を慶應の人にやってもらうなどということは、はじめてだと言っていた。岩崎さんがどうして私を買ってくれたのか、東京大学で非常勤で二年間講義をしてくれないかとたのまれたのも岩崎さんからだったし、そんなことで慶應と東大の哲学の連中は、いろいろな形でつき合いがひんぱんになった。岩崎さんが定年後青山学院に勤めていたときに、急な病気で亡くなられて非常に残念だと思っている。

そういうスクールを越えて哲学者たちが集まるということをやったのが、一つの大きな出来事だったわけだが、帰ってから日本でもだんだん新しい論理学、分析哲学、そういったものがみとめられて来た。しかしその当時はまだ日本では古い論理学を教えている大学の方が多かったので、新しい論理学を教えていたのは慶應と東大くらいなものだったと思う。

毎日出版文化賞受賞

帰って一年くらいたったころ、三宅剛一さんという、私たちより一時代前の京都哲学の中で有名だった人、日本哲学会の会長などもやった人だが、京都にいるはずのその人がふらっと田園調布の私の家をたずねて来た。三宅さんが言うには、京都大学とアメリカの大学で共通なアメリカンセミナーを行うことにして、そこにある哲学者が来て哲学の話をすることになっていたが、その人が来られなくなったので、代わりに何かアメリカの哲学について、あるいは新しい論理学や言語分析の哲学について、その人が喋るであろうことを考えて代わりに喋ってくれないかということだった。

私もそういうことならお受けしますと言ったのだが、その夏のアメリカンセミナーがはじまる前になって、来られないと言っていたアメリカの哲学者が、半分くらい来られるという連絡があった。しかしそのとき、その人が英語で喋るけれど聞く人には英語がわからないだろうし、いちいち通訳をするのも大変だから、どういうことを言ったかを話してくれないかと言うので、ではついでだからやりましょうと京都大学に行って、京都大学の哲学の人と会う機会ができた。

自分ではそう思わなかったけれど、日本で新しく研究されはじめた科学哲学や言語分析の哲学についても、考えてみると私が外国で学んで来た人たちの中で一番年が上だったので、いろいろそういうところに引っぱり出されることになった。

そして帰ってからすぐにもう一つ出来事が起こった。

私がアメリカに行く前に、教育学の村井実君が牧書店というところから、少年少女のためにわかるような論理学の本を書いてくれないかと言われたが、帰って来てからそういう話が具体的になった。ところが私の次に誰がハーバードに行くかその推薦を私にして欲しいということだったので、その村井君を推薦しておいた。そうしたら村井君がハーバードに行くことになって、はじめは二人でその本を書こうということだったのに、村井君が行ってしまったので、出版社の側は私一人でもいいから書いてくれと言う。それで当時の新しい論理学の考え方をやさしく書いた。

ちょうどそのシリーズ名が「少年少女のための」というものだったので『少年少女のための論理学』というタイトルになり、はじめて私が自分で書いた本を出版したわけだ。それは確か一九五八年だったと思う。出たのは五九年のはじめだったかもしれない。

私ははじめて自分の書いた本が本屋に並ぶんだなと思って、本屋に行って「あるある」とよろこんでいたら、ある日電話がかかって来た。それは中国文学の奥野信太郎さん、テレビやラジオなどでも有名だった人で、私は予科のとき習ったのだが、その奥野さんが、実は君の『少年少女のための論理学』が一九五九年度の毎日出版文化賞に選ばれたと知らせてくれたので、えーっとびっくりした。それで文化賞を与えるから集まれというので毎日新聞社に行ったら、どこでどう聞いたのか知らないけれど、神山君が一人ちゃんと来てくれていて、そこで賞状と賞金を、たしか十五万円かそれくらいだったと思うが、もらった。

毎日出版文化賞に選ばれたことで、私のその本が割に有名になってしまって、それからあといろいろな教科書に採用されたりした。それからしばらくして今度は岩波書店から連絡があって、岩波新書に論理学の概論みたいなものを書いてくれないかという依頼があった。

私は専門の論理学者ではなく、論理学を特別にやったわけではないけれど、ハーバードに行って論理学者のクワインのもとで一応勉強したということになったのだろう。そんなことで岩波書店からそういう話があった。そこでずい分苦労したけれど、しかしそうむずかしいことを書くわけではないから、前の『少年少女のための論理学』よりはもう少し高度な、『現代論理学入門』というのを岩波新書に書くことになった。

岩波書店の方から、書くのに熱海にある岩波茂雄の別荘を使ってもいいと言われたので、そこを使わせてもらったりした。そこには立派な大理石のお風呂があり、食事も女の人がついていてすばらしいお料理を作ってくれた。広間には岩波茂雄の写真がかかっていて、そこの大きな書斎の机で原稿を書き終わった。

そして岩波新書として出したが、戦争前から岩波書店で本を出版することは、少なくともその学問の分野で一流の著作と認められたという考えがあった。大体戦争前の岩波の本はほとんど東大の先生しか書いていなかったし、ともかく哲学の世界では、ほかの学問でもそうかもしれないけれど、岩波書店で本を出すことで大きなハクがつくということになっていた。

最初に書いた『少年少女のための論理学』は、牧書店がつぶれてしまったあと講談社の学術文庫に入れてほしいというので、つぶれた牧書店のあとの人と講談社とで話がまとまり、『考え方の論理』というタイトルで同じその本が現在でも出版されている。

最初に書いた本が毎日出版文化賞を受け、その次に書いた本が岩波書店であったということから、私の著述というかそういうものにはずみがついて、その次にもまた岩波書店で出してくれた。

そういうことで、ハーバードから帰ったあと本も書きはじめたし、日本の中でのいろいろな学会その他にも出る。また自分で学会とは言わないまでも、それに似たようなものを作って、新しい科学哲学を普及させることに努力をするようになり、そこで私の一番忙しい時期がはじまったわけだ。

慶應義塾労働組合初代執行委員長

その一方で、もう一つ学界とはちがった面で私の人生に影響を与えた大きなことについて話さなければならない。

それはハーバードから帰った二年くらいあと、一九五九（昭和三十四）年のことだ。慶應の中でもそれまでなかった労働組合を作ろうという気運がだんだん強くなって来た。私はいろいろな研究会の形で将来組合に入るような進歩的な考えをもっていた若い人たちを中心に、たとえば文学部では、「土曜会」と言って土曜ごとにみんな集まって喋ったりしていたが、それをやっている途中で、いよいよ組合を作ろうということになり、最初まず医学部の方で組合ができた。それを医学部だけではなく、慶應全体にひろげようということになり、慶應義塾労働組合という大きな組織を作る動きがだんだん盛んになって来た。ある日私に、その慶應義塾の教職員まで含めた組合を作ることに決まったので、まだ発表前だが最初の執行委員長になってくれないかという話が来た。

私はいままで組合作りの中心となっていた人たちとつき合っていたから、別に個人として困ることはないと思ったけれど、ともかく一晩待ってくれ、うちの者にも相談してということにした。帰って妻に、悪くすれば慶應をクビになるかもしれないが、ともかくその組合の最初の執行委員長になっていいかと言ったら、別に問題ない、やりたければやったらいいじゃない、と言う。それで翌日学校に行って引き受けることを伝え、それから一週間くらいたって、最初の組合を作るという旗あげを慶應の三田の大講堂でやった。

それまで私は組合がどういうものかということについてはまったく知識をもたなかったし、関心もなかったけれど、組合があった方がいいということは頭にあった。しかし現実にどういうふうにしてという細かいことは、まさか自分が委員長になるなどとは思ってもいなかったから全然知らなかったが、まあ何とかやって行けばいいという。もちろんほかに書記長とかいろいろな人がいて、その中でとくに大学の経済学部の黒川俊雄君などがもともとマルキストで、そういうことに慣れているから何とか助けてくれるだろうということで執行委員長になり、そこで旗あげをしたわけだ。一九五九（昭和三十四）年七月のことだった。

そのことはずいい分慶應の人たち、理事などの経営陣、その背後にある財界の人たちに大きなショックを与えたらしい。慶應というのはどちらかといえば、財閥の学校だというイメージがあったくらいだから、そこに組合ができるなどというのは、あまりみんなのイメージの中にはなかったと思う。そんなことで新聞に載ったりいろいろのことがあった。

それで私はすぐ理事に呼ばれた。そのときおもしろいことには、ちょっと前に私の先輩の松本正夫さんが理事になっていた。松本さんも前から組合を作れという意見を持っていて、みんな松本さんのそういう姿勢を知っているものだから、財界や理事の人たちは、松本さんがそそのかして組合を作らせて、松本さんの弟子の私が委員長になったと考えたらしい。

しかし私は、松本さんには組合を作ることは一言も話していなかった。というのは、向こうは理事だから理事に話すわけには行かないし、そんなことで松本さんもびっくりしたらしい。はからずも一番仲のよかった松本さんが理事で、私が執行委員長という、まさに対立的な敵と味方に分かれたわけだ。

で、理事に呼ばれてどういうわけで君が委員長を引き受けたのかと聞かれたから、私はマルキストでも何でもないけれど、四谷あたりではマルキストの勢力も相当強かったし、それがきっかけで組合ができたという面もある。しかし私は慶應の組合だけはマルキストの組合にならないように、そういう政治団体に結びつかない慶應独自の組合であってほしいと思う、そういう意味でなったのだと言って、理事も了解してくれた。

旗あげの式で私が正式に委員長と認められて、それから二年間委員長を務めることになった。早速問題になったのは、その年の暮から次の年にかけての賃上げ問題だった。慶應はそれまで私立の各大学に比べてもビリから二、三番目の低い給与体系だったので、どうしても賃上げをしなければならないということで、賃上げの交渉をやりはじめたわけだ。

ストライキ決行

最初は理事が全員出て交渉の席についていたが、そのうちに理事のあいだで松本さんが組合担当の理事にされてしまった。松本さんが前から組合を作れと言っていたことは理事の間でわかっていたので、松本さんに組合対策をやらせた方が理事側としても得策だと思ったのかもしれない。

もちろんときには塾長を引っぱり出したりした。最初の頃塾長の奥井復太郎さんに出てもらって賃上げの交渉をしたところ、こじれて、ついに塾長はじめ理事が引きあげた。そうしたら組合の中の若い連中が、塾長を田町の駅まで追いかけて行ったりしたことがあった。

いまだから言うけれども、私はまだ田園調布の家にいて、私の家と松本さんの家は歩いて十分もかからないくらいだったので、よく私が朝松本さんの家に寄って、一緒にバスに乗って三田まで行き、その間にいろいろな話などしたりしていた。

松本さんが理事になっても前のクセがぬけない。私が松本さんの家まで行くと、彼は理事だから迎えの車が来ている。私も一緒にその車に乗せてもらい、組合の執行委員長と理事が同じ車に乗って、一緒に学校まで行くということがあった。しかし学校まで乗りつけてはまずいから、私はちょっと手前で下りて、松本さんはそのまま学校まで車を横付けにしたりしたけれど。

その間いろいろと話して、場合によっては松本さんがあんまり組合に理解のあるようなことを言うから、かえって組合の闘いがやりにくい。だから松本さんに少し組合に反対のように、退場するなり、そんなことをしてください、などと言って、松本さんがそのとおりに理事と組合の会合のときに席を蹴って立ったりして、それでみんなわっと湧いたということもあった。

別にお互いの秘密を洩らすわけではなかったが、いままで非常に仲のよかった松本さんと私の間だし、松本さんも組合に非常に同情的だったからそういうことになったわけだ。

その賃上げについて、組合の要求と理事側の考えとが必ずしもかみ合わなかったために、とうとう最初のストライキを四谷でやることになった。ストライキをやる場所は四谷だが、もちろん三田も授業を休みにしてやることになった。日吉の方も問題はなかったが、四谷は何しろ病院があるから患者さんが来る。けれど患者さんが来て普通のとおりにやっていればストライキにならないわけで、患者さんに「実はストだから」と理解してもらい、救急以外は患者さんをストップすることにして、四谷の病院の前にピケを張り患者さんを入れないようにした。

ところが組合のメンバーに医学部のお医者さんたちは誰一人入っていない。全部看護婦（看護師）さんとあと事務員だけだ。三田や日吉の方は、相当多くの先生たちが最初から組合に参加していたが、四谷だけは教授がだめだと言うと、助教授とか講師とか助手にいたるまで全部入ることができなかった。

そんなことでストをやったら、お医者さんたちが、病気の人を診察させないとは何事だと食ってかかって来た。私は委員長だから、私の周りにお医者さんたちが集まって、「福澤（諭吉）さんの顔に泥をぬるな」と詰め寄って来る。私は哲学的に議論することは慣れているから、われわれは急患をちゃんと入れているわけだし、給料が低いということもわれわれを死に導く一歩だ、要するにそれだけ十分な生活ができなければ、健康とかいろいろなことで、不十分な生活を送らなければならないのだから、あなた方のやっていることと、私がやっていることとは大して違いはないじゃないかと、お医者さんたちに反論した。

私もよくお医者さんたちを相手にして闘争したと思うけれど、慶應で組合があってストをやるということが珍しがられて、いろいろな新聞や週刊誌に、執行委員長だから私の写真や名前が出て、新聞などで有名になったりした。

ストライキをするまでは何日も理事側と交渉し、その前の日は徹夜で議論して、都労委（東京都労働委員会）まで行くということで、ストに入る前からストが二日ぐらいで終わったその間、三十八時間くらい一睡もしなかった。もちろん家にも帰らないでやっていたわけで、よくつづいたと思う。

最後に都労委との交渉で、こちらが要求した金額に対してどうしても呑めないような調停案を出された。しかし最初の頃でまだ資金的にも十分な余裕がなく、どうしてもこれを呑まなければならないというわけで、四谷の病院の正門入口のところにわれわれ執行部が立ち、あと組合員が全部病院前の庭に集まって、そこでストを終結する宣言を私がしなければならないことになった。

最初に四谷支部の組合の委員長が、ともかくストをここでやめなければならないことを了解してもらうために壇上にあがった。すると彼は、これこれでストをやめざるを得ないけれどもやめていいですか、と言ったので、「だめだ！　だめだ！」という反対の声があがり、それを抑えきれなくて立往生して壇を下りてしまった。そこで私がすぐに手をあげて、実はこうこうでストはやめざるを得ないので、どうかそのことを了承して欲しい。要するに意見を聞くのではなくて、こういうふうに決めたからそれを了承して欲しいと言ったら、今度はだれも反対しなかった。それでスト終結の宣言をしたが、そのあとで今度は医労協から来た人、それは今度のストをやるについていろいろ助けてくれた人だったけれど、彼が来賓として立ちあがって演説をすることになった。

そのとき医学部は新しい病棟ができる前だったから、病院の入口の上は全部バルコニーになっていて、そこにお医者さんたちが集まり、上からわれわれの様子をじいっと見ていた。そこでその医労協から来た人は、皆さん、向こうのバルコニーにいるのはわれわれの敵である、皆さんまわれ右して下さい、とまわれ右をさせて、あの敵に対してわれわれは立つぞ、とか何とか言って、シュプレヒコールの音頭をとった。そしてまたみんなはもとに戻ってこちらを向いた。それでその人の挨拶は終わったわけだ。

私の挨拶はとっくに済んでいたが、さすがにそれを黙って見ていられなかったので、ちょっと待ってと言って、もう一回台に上がった。

いま医労協の人がお医者さんたちは敵であると言った。しかしこれはわれわれ慶應義塾の組合の立場から言ったら決して敵ではない。いろいろな形で組合には参加していないが、いずれわれわれの考えがわかってくれたなら、われわれの中に入ってくれるかもしれない。その意味で決して敵ではない、ということを、私は立ちあがってバルコニーの上の人たちに聞こえるように言ったわけだ。

ふつう来賓に挨拶してもらって、それを否定するなどということは失礼になるし、やるべきことではないと思ったが、これから慶應の組合活動を進めて行く上で、医学部の教授たちにもだんだん入ってもらおうということがこちらの方針だから、その方針に反することを言われたのでは黙っていられないと思って、相手はどう思ったか知らないけれど、ともかく来賓の挨拶を否定してもう一回演説をしたわけだ。

そのことがどういうふうに慶應の医学部の教授たちに影響を与えたのかわからなかったが、それからあとで私は医学部の、とくに組合とか共産党大きらいの武見太郎さんと非常に親しくなった。彼はもちろん慶應の大先輩であり、医学界の大ボスで長年医師会の会長をしていて、政治にも大きな発言権をもっていた人だった。

その武見太郎さんが、医師会に医学倫理、医学哲学会というようなものを作って、私にその活動をまかせてくれ、医師会の大会があると、武見さんと一緒に方々に旅行したりするような仲になった。それはひょっとしたら、武見さんがそのストライキのときのことを聞いていたか何かで、私は決してマルキストではないし、慶應義塾を非常に大切にしている男だと見てとったのではないかと、これはまあ推測だが、そういうふうに思った。

最初のストライキはそういう形で終わったけれど、それから何回も四谷の医学部を中心にストライキがあった。私は二年間で一応執行委員長をやめて次の人に代わったが、組合の委員長を最初にやったということは、いずれにしても私の立場は決して経営者側のものではない、マルキストではないことはわかってもらったと思うけれど、どちらかと言えば野党的な立場にあるのだという印象を、非常にはっきりみんなに植え付けたのではないかと思う。

私自身やはり哲学の立場に立つ以上、どうしても野党的にならざるを得ない。昔から時の権力と一緒になって、そのイデオロギーを哲学的に表現するという哲学者は、まったくないわけではないけれどもほとんどいない。まして偉大な哲学者たちは、時の政権とか、その時代の風潮に対してたえず批判的であった。それが哲学という形であらわれて来ているので、哲学とはもともと野党的なものだと私は思っている。

私が組合の執行委員長になったことも、政治的な意味での組合とか、そういったもののあり方について、今までまったく知らなかったことを経験できたという意味で、私の人生に一つの大きな新しいものをつけ加えてくれたと思う。

通信教育部長を務める

組合の委員長をやめて、その翌年にそれまでの助教授から教授になった。私としては助教授とか教授という名称にあまりこだわらない方だったし、一生助教授だって、助教授という方が何か若々しくっていい名前だと思ったりしていたくらいだから、教授になっても特別にどうということはなかった。

ところがある日医学部に行ったら、かつて私が執行委員長でストライキをやったときに、屋根の上で私に食ってかかったりした先生が私のところにやって来て、よくまあ教授になれましたね、と言った。医学部は助教授のときにそんなことをしたらもうにらまれて、絶対に教授にはなれないし、学校を追われるというような雰囲気のところかもしれない。そういうことで、組合で忙しかったけれど、それを降りたら今度は教授になり、教授になるとやっぱり助教授よりはいろいろなことで多少忙しくなる。

教授になったのは一九六一（昭和三十六）年だった。そして一九六四年の一月に、二冊目の本を岩波書店から出してもらった。これは今まで私の書いた論文をまとめて『現代における哲学と論理』という題で、単行本として出版された。その頃から、いろいろな出版社から本を書いてくれと言われて、定年になるまでに十一冊くらいの本を出版した。

岩波書店から第二冊目の本が出たその翌年にもう一つまた忙しいことが起こった。

ちょうどその頃法学部を中心に通信教育部をなくそうという声が高まっていた。要するに学部や大学院で教えているのに、また通信教育で教えるということで、夏のスクーリングに引っぱり出されたり、あるいは教科書を書かなければいけないということで、忙しくてしょうがないから、通信教育部をなくそうという声が法学部を中心に盛んになった。

そのとき理事になっていた橋本孝さんが私を呼んで、君は通信教育部があった方がいいのか、それともつぶした方がいいのかどういう意見だ、と聞くから、私は通信教育部はやはり存続すべきだと言った。私がそういう意見だとわかったので、では君が何とか法学部の反対運動をつぶすように努力してくれないか、という話になった。ちょうどそのときに、通信教育部の部長だった法学部の教授が任期満了でやめて、あとは文学部でやってくれということになっていたので私にやれと言われた。これは橋本さんの意向もあったと思うけれど、私もそれを承諾した。

そこで通信教育部長になったら割に忙しくなった。場合によってはいろいろな地方の行事に顔を出したりしなければならないこともあって、これでまた一つ忙しい仕事ができたわけだ。

そのとき通信教育部の学生たちの自治会を作りたいという話が学生の間から出て来て、それをどうするかということも問題となった。要するに通信教育反対という法学部の声を抑えることと、通信教育の学生の自治会を作ることに対して、どう対処するかという二つの大きな問題が起こったわけだ。

私は自治会を作って、通信教育の学生の声を当局にわからせる機関ができれば、それを通じて法学部の通信教育部廃止の動きを抑えるのにむしろ役に立つだろうと思った。法学部はもちろん自治会を作るのに大反対だったし、通信教育部の委員として出て来ている法学部の人たちが、みんな法学部の意見を反映して反対したけれど、私は何とかしてそれを成立させてやりたいと思った。

学生たちの中でもいろいろな傾向があって、ほんとうに通信教育の学生の立場からつづけて欲しい、そういう意味でなら自治会を作るという人のほかに、その当時たとえばマルキストや新しい学生運動のいろいろな傾向があったわけだ。私はそういう外部の政治的な立場はぜひ排除しておきたい、純粋に通信教育をつづけようとする学生たちの意見を中心にした自治会を作りたいと思ったので、ある方は抑え、ある方は助長して、大体私の思うような自治会が一応できた。私がいるうちにたしか自治会の発会式をやったと思う。

いずれにしても私がそれをもっぱら助けたのだが、その頃、日吉でも校舎が封鎖され、そっちの学生が通信教育の夏のスクーリングもつぶそうとして、通信教育の学生の中にもそれに賛同するのがいたりした。

しかしスクーリングの学生はみんな自分で暇を作り、お金をためてやっているので、普通の学生たちとは違うのだから、絶対スクーリングをストライキでつぶすべきではないと私は言って、自治会の中で何とかしてストライキにしようという連中と、ストライキをやらないでスクーリングをつづけたいという連中との間に入って苦労したものだ。

その頃は全体的に学園闘争が盛んだったから、三田の方も大学は封鎖されていたけれど、夏休みだし、スクーリングは夏休みにやっているから、普通の大学の学生がやるストとは関係はない。だけどスクーリングをやめさせようというのが、一般の学生たちを牛耳ってストをやった連中の意向だったので、それとは切り離して行くのに苦労したわけだ。

最後にはスクーリングをやっているところに、ストでつぶせという人たちが三田の山の上に侵入して来て大騒ぎになり、スクーリングをつづけようという学生と、中止しろという学生の両方がぶつかった。そのまん中に入っていたのが、その当時通信教育部の部長だった中鉢正美《ちゅうばちまさみ》君で、彼が学生の持っていた鉄パイプで負傷して入院するということがあった。ほんとうは私がそこに行くはずだったのだが、ちょうど足が肉ばなれして杖を突いていたものだから、彼がそんなことになってしまった。

第四章　哲学者としての仕事

メキシコの世界哲学者会議へ

一九六二年か三年だったと思うが、世界哲学者会議というのがメキシコシティであった。それに私が日本哲学会から推薦されて、日本代表ということでメキシコに行くことになった。

このときは一人で、最初にロスアンゼルスに行って、そこからメキシコ航空の飛行機でメキシコシティに行った。ロスアンゼルスまでは普通のジェット機で行き、ロスの空港で乗り換えるためにメキシコ航空の受付に行って手続きをしたとき、そこにいたメキシコ人の男性がすばらしい美男子で、それが西欧流の顔ではなくて、メキシコ人だから少し色が黒く、今まで見たことがない立派な顔つきだったので驚いた記憶がある。

ともかくロスアンゼルスからメキシコ行きの飛行機に乗った。割に空いていて、お客さんがバラバラにしか乗っていなかった。飛行機はアメリカの西海岸の外側を通るから、海岸線の青い海と大地との境がよくわかる。そういうところをずうっと見ながら行くと、今度は急に高い山と山との間を通って行くようなところで、その山と山との間を縫ってやっと山が抜けて、山の上の高地に出たと思ったらそこがメキシコシティだった。

空港には世界哲学者会議に出席するメンバーを迎える人が出ていて、そこに挨拶に行ったら、メキシコシティまでの車とかそんなことを全部手配してくれ、メキシコシティの一番立派な半月形をしたホテルに入った。そのあとメキシコシティの中を歩いているとき偶然日本人と会った。それは京都大学の人で、彼は代表ではなくアメリカに来ていたので自分で参加したのだが、結局日本人は私とその人の二人きりだった。

私はそこで一回目に発表することになっていた。各国のあらゆる人が来ていて、そこで英国のA・J・エイヤーやかつて日本に来たことがあるマックス・ブラック、アメリカのクワインやホワイトなど、世界のおもな哲学者に会うことができた。

大会は三日か四日あって、それが済んでから、郊外の有名なマヤ文明の遺跡、みんなよく行く観光名所だが、そこに連れて行かれた。私が一人で何段もある階段をトントンあがって行ってひょっと見たら、下の方にソビエトの哲学者たちがいた。彼らはほかの人と交わらないで、いつも自分たちだけで行動しているという格好だったが、そのときの一番の長が日本にも何回か来て会ったことがあるA・タルスキーだった。その彼が階段をあがろうとしているのだけれど、階段があまり多いので、途中でやめてどうしようかというような気配だったので、私が前に東京で会ってこうこうだと話しかけ、彼の腕を引っぱって上まで一緒にあがったことを覚えている。その他いろいろな哲学者と会ったことが、私にとっては新しい経験の一つだった。

もう一人当時日本のバイオリニストで黒沼ユリ子さんという、これは日本でも有名になった人だが、彼女の旦那さんがメキシコシティ大学の助教授でメキシコに住んでいた。彼女がある日私を呼んでくれていろいろな話を聞いたりした。そのあと彼女が日本に来たとき私がたずねて行ったこともある。ともかくメキシコは当時新しい社会主義的な政権ができたばかりで、次次に新しい町を作ったりして、非常に活気に満ちた時代だった。

町のまん中に王宮があり、教会もあった。ちょうど私が行ったときには大きなお祭りがあって、夜みんな仮面をかぶって騒いでいた。そういう仮面を街中で売っていたから、私も夜一人で仮面をかぶって行った。いろいろな女の人から声をかけられて、そのときには何かそういうのが当たり前だというような感じだった。夜中の十二時に建物の二階か三階のところにあかりがついて、大統領が演説をするという。その演説もスペイン語だからわからなかったが、ともかく演説を聞いて、夜中少し早めにホテルに帰った。

メキシコ政府はわれわれを歓迎してくれた。新しい政権ができたばかりのところで世界的な哲学会議があるというのではりきっていた。大統領がわれわれ全部を有名な劇場に招待してくれ、哲学者の仲間は二階の一番いい席に案内された。私はそのとき三脚とカメラをもって行って、メキシコのオペラのような、踊りが中心の有名な芸術を一場面一場面みんな写真にとった。

学会が済んでから飛行機でニューヨークを経て、ボストンに行った。乗りつぎのとき、サマータイムのために、メキシコとアメリカの時間が食い違ってちょっとごたごたしたが、ボストンに着いたら何となく自分の故国に着いたという感じがした。そこで前に住んでいたところのそばにある大きなホテルに泊って、前に述べた永富さんや、最初に私がハーバードに行ったときにいろいろ世話をしてくれたバクスターに会った。

クワインの弟子で論理学者のドレベンにも会って、いま彼がもっぱら倫理学を教えているというので、へえ、論理学をやっていた人が倫理学をやっているのかと思ったけれど、考えてみるとかつてクワインが論理学の講義をした当時から、大体哲学者がやる論理学というのは哲学者にはもうやる仕事がなくなって、あとは数学基礎論をやっている人がそれを利用して、数学の領域で新しい発見をするのに使っているというわけで、先端は数学者の手に移ってしまっていた。論理学をやっていた人で倫理学をやる人が非常に多くなっていることは知っていたけれど、ドレベンも倫理学を教えているのか、なるほどなという気がした。

その当時松本正夫さんの長女の千世さんが、ご主人が銀行員でロンドンにいたので、そのあと彼女をたずねてロンドンに行き、ターナーの展覧会を一緒に見に行ったり、長男がまだ生まれたばかりでバギーに寝ていたのを、私が一緒に引っぱってキューガーデンを見せてもらったりした。

帰りは南周りで帰って来たが、その途中で風邪を引いてくしゃみをしたら、飛行機が降下するときにものすごく耳が痛くなった。もちろん降下するとき鼓膜が変になることはよくあったが、そのときはひどく痛んだ。降下するたびに痛いのをこらえてやっと日本に着いたという記憶がある。世界哲学者会議でメキシコに行ったことは、はじめての国だったし、アメリカとは違ったメキシコの風土というか、そうしたものを楽しんで来た感じだった。

ハーバード再訪

話は前後するが、そんなことのあとで通信教育部の部長をやって、部長をやめたのが一九六七（昭和四十二）年の十月くらいだった。やめてちょうどよかったと思うのは、すぐその年の暮に、前に行ったハーバードのイェンチン・インスティテュートから、私をもう一度招待したいという通知が来た。これはかつてビジティング・スカラーズ・プログラムでハーバードに行ったあと各国に帰って、そこで活躍している人をもう一ぺん八か月間呼ぶ、シニア・プログラムという制度を作ったからだった。

ハーバードでは日本でわれわれがどういう活動をしているかということを、かげながら調べていたと思う。それで今度は向こうから指名で私を、しかも夫婦で来ることを認めてくれた。

最初に行ったときに、家族を連れて行ける制度を作って欲しいとさんざん言っておいたが、それが実って、私が最初のビジティング・スカラーズから帰って二年くらいあとに、家族を連れて来てもいいという制度になっていた。それで澄子と二人でハーバードに行くことになり、一九六八（昭和四十三）年の確か二月か三月に向こうに着いた。

前に住んでいたウェンデル・ストリート五十五番地の、斜め左の角の家の二階が空いていたので、前と違って狭い屋根裏の部屋だったけれど、当時ハーバードでも下宿が足りないということで、やっとそこを見つけてもらった。それは永富さんの家と同じ並びで永富さんも近くにいたし、便利なのでそこで八か月を過ごした。そのときに日本から、東大の藤本隆志君が家族で来ていた。彼と同じ家に、やはりギリシア哲学をやっていた同じ東大の井上忠君も住んでいて、日本でも顔見知りだったから、そういう連中と家族ぐるみのつき合いをしながら八か月間過ごした。

そのときの内容は別に大して言うこともない。そこから帰りにアイルランドに寄ることになった。ハーバードの方からすすめがあって、たとえばギリシアに寄って帰るとかそういう希望があれば、その分のお金は出してあげると言われた。前はずい分ハーバードに無理を言って、よけいなお金を出してもらったりしたけれど、今度は割に楽にヨーロッパを回って帰るということでアイルランドに行ってみたいと思った。ボストン地区はアイルランドから来たアイリッシュが非常に多いので、セント・パトリックというアイルランドのお祭りを見に行ったりして、何となくアイルランドの人たちに親しみを感じていたので、ぜひアイルランドに寄って行こうということになった。

ボストンからアイリッシュ・エアラインで夕方に発ったら、アメリカにいるアイルランド人の一行が乗っていて、夕ごはんのときなどにちょっとお酒が出ると、みんな飛行機の中でアイルランドの歌を歌ってわあわあ騒いでいるという、日本とよく似た光景があった。

アイルランドはクローバーが国のシンボルらしく、飛行機にもグリーンの三つの葉がついていた。ダブリンに着いたのは八月だったと思うけれど、ハーバードの教育学をやっている教授が、自分のかつて教えた学生がダブリンのトリニティ・カレッジで哲学を教えているから紹介しておくというので、トリニティ・カレッジにその人をたずねたら、彼が車でダブリンの郊外を案内してくれた。

アイルランドのホテルの中の舞台で、アイルランドの歌などをやるのを聞きに行ったり、アイルランドのテナーの独特の声の出し方やその音楽にすっかり魅せられて、レコードや歌の本を買って帰ったりした。帰りにロンドンに寄り、また千世さんたちに会って二泊くらいして、そこから飛行機で帰った。

二度目のハーバード留学は、前と違ってゆっくりした気分で、いろいろな人と会ったりあちこちに行ったりして、日本に帰ったのが一九六九（昭和四十四）年の四月だった。

母の死

アメリカに行くより前の一九五九（昭和三十四）年か六〇年くらいだと思うけれど、ちょうど日本の高度成長期にさしかかったところで、川崎あたりから多摩川を伝って煤煙が田園調布の私の家の方にも流れて来て、窓ガラスが少し黒くなったりその他いろいろなことがあった。

その前に父たちがどこかに移ろうということで葉山の長者ヶ崎に移っていた。それでわれわれも葉山に移ることになり、父たちの家と接続したところに土地と家をみつけた。その家は一階だけだったので、その上に二階をつける工事をして私たちも葉山に移った。だから隣に父と母、こちらにはわれわれが住んでいたわけだ。隣同士だから一緒に食事をしたりするようなこともあった。

二度目のハーバードに行っている途中で父から手紙で、母がガンと診断されたので心配だから早く帰って来てくれと言って来た。もちろんこちらはもう二、三か月すれば帰るところだったので四月に帰ったが、帰ってみたら母の病状はかなり進んでいて、しばらくしてから葉山の葉山外科に入院した。

最後にそこで亡くなったのだが、亡くなる直前に私は母がベッドに寝て上の方を見ている写真をとった。それを大きく引きのばしたけれど、最後に何となく天の方を見つめているとてもいい写真だったと思っている。

母が亡くなって、もっぱら父はうちに来て食事をするようになり、食事のときには子どもたちが迎えに行って、目が見えないから手を引いて連れて来て一緒に食べるということになっていた。その頃から父と一緒に住めるようなところを探そうという話が出はじめていて、一九七一年に横須賀市の芦名に家を建ててそこに移り住むことになった。

留学生のためのホスト・ファミリー

少し時代は遡るけれど、葉山に移ってからのわれわれの生活の中で、忘れることのできない一つの大きな出来事は、夏の間慶應に短期留学に来た外国人たちのホスト・ファミリーになって、何人かの学生をうちに泊めたりしたことだ。そのことがいろいろなところに影響して来るので、それについて話そうと思う。

一九七〇（昭和四十五）年くらいだったと思うが、次女の真弓が慶應義塾大学の美学専攻の学生になったときに、国際関係学会というところの名簿がわれわれの手に入った。これは学生たちが中心になって、外国、とくにホンコンの中文大学とアメリカのスタンフォード大学、それといま名前をちょっと忘れたがカナダのある大学、この三つの大学と慶應義塾大学がお互いに一年を通じて、あるいは夏の間だけ夏休みを利用して学生を交換するという制度があり、真弓がそのメンバーになっていた。それで夏に外国から来た学生のホスト・ファミリーになってくれないかということになった。

葉山の長者ヶ崎にいる頃だったが、はじめにスタンフォードとホンコンの学生の二人をうちに泊めたら、その仲間が夏の間よく家に遊びに来た。それはほかのホスト・ファミリーのところでは英語を喋れなかったりするのに、うちでは私も澄子もともかく英語を喋って、みんなで食事をしたり議論したりしたので、うちに泊っていた留学生が仲間を連れて来たわけだ。十人くらい来てうちで夜バーベキューをしたこともあった。それが七、八年つづいたような気がする。そんなことで外国の学生とうちの子どもたちも親しくなって、とくにホンコンの学生たちと親しくなったことが、あとでホンコンに招ばれたりするきっかけになったと思う。

そうやって日本の学生とわれわれがいろいろなことを議論するとき、一番感じたのは、アメリカやホンコンから来た学生たちが自分の意見をよく喋るのに対して、日本の学生はそういうときほとんど喋らないということだった。それは英語が不自由だということもあるだろうけれど、国際関係学会の慶應の学生は、一応英語を少し喋れるはずなのにほとんど喋らない。

いろいろな議論をした中でいまでも思い出すことは、戦争と平和という問題のとき、日本の学生はすぐに合言葉のように、「戦争は避けて自由と平和を求めるんだ」と言う。それはそのとおりでいいのだが、それでは自分たちが攻められたらどうなるかということは、ほとんど彼らの頭の中にないわけだ。

ところが、ギリシア人でスタンフォードの学生だった人がその話に加わったとき、日本の学生たちがそういう態度でいるのに対して、彼は「自分たちは第二次世界大戦のときに、ドイツのナチの軍隊と戦うことによって、やっと現在の自由を勝ち得たんだ」と言った。つまり最初から自由が与えられていて、戦うということをただ観念的に否定しているような国民とは違う、と、彼は言いたかったのだと思う。

戦後生まれの日本の学生たちは、生まれたときから自由があって、戦争はやってはいけないと思っている。やっていけないのはいいが、ギリシアのようにナチに占領されて自由も平和も奪われ、ナチと戦うことによってその平和や自由を勝ち取った、そういう人たちとくらべると、日本の学生たちは「自由」に甘ったれているという感じをもっていたのではないかと思う。非常に貴重な発言だった。

これは日本の学生にはない、ほかの国の学生たちの厳しさではないかと思った。日本の学生が彼らのそういう話を聞いて、自分たちの甘ったれた自由に気がついたかどうかはわからない。ただそういうことが家で話に出たのは、私は非常におもしろいと思っている。

そんなことで私の家は家中あげて外国から来た人とつき合ったので、日本人ばかりとつき合っている家庭とはちょっと違った環境だった。そのことがきっと私の娘の真弓に影響したのではないかと思う。

彼女は大学を出たあとで、いろいろ考えたけれどやりたい仕事がなく、最初出版社に勤めて美術全集の編集をしたりしていたが、どこか外国に行ってみたいということでスイスに行った。その前に家に来たヒッピーに似た外国人とすっかり親しくなったこともある。日本人には見向きもしないで、外国人にすぐに目を向けてしまったのも、何かそういうことと関連があるのかもしれない。いずれにしてもスイスのあとドイツに行って仕事を探しているうちに、ドイツ人のいまの夫と結婚して、ドイツの国籍も持っているということになってしまった。その意味で、うちがそういう留学生のホスト・ファミリーを長い間つづけ、しかもみんなを集めて議論するようなことを、それは私が中心になっていたが、家中みんなが一緒になってやったことは、非常に大きな影響があったと言えるし、忘れることのできない出来事だったと思う。

留学生たちのほかにも、私のうちには通学生や通信教育部の学生たちも大勢出入りしていた。私は、ソクラテスがアテネの市場でさまざまな人と対話しながら自分の哲学を作りあげて行ったように、教室の中だけではなく日常生活の中で対話をすることによって、多様な問題を極めて行くことが真の哲学だと考えていたので、そのための場としてよろこんで私の家を提供した。澄子もそのことを理解し積極的に協力してくれたので、わが家には常時十人くらいの学生が出入りし、そのうち数人は寝泊りしていた。子どもたちも一緒になって食事や議論をしていたので、あるときはじめて訪れた人に、先生のお子さんはどの方ですかとたずねられたこともある。

若い頃の一時期そうやって過ごしたことは、学生たちにとって忘れがたい思い出となっているようで、その中からお互いの友情も生まれ、いまでも私の喜寿や傘寿の祝いとか、それに間があくと何となく集まろうといろいろ名目をつけて、全国から百人をはるかに超える懐かしい顔ぶれが集まって話がはずむ。私にとってもも楽しいひとときである。

文学部長として教授会を改革

ハーバードに私がいるうちに、東大紛争で学生が安田講堂の上に登って、警官隊と攻防戦をやったりしたが、私が二度目のハーバード留学から帰った頃もまだ紛争がつづいていて、慶應でも日吉のキャンパスが封鎖されたりしていた。私の前の文学部長は池田弥三郎というマスコミでも有名だった人で、彼がやめたあと一九七〇（昭和四十五）年に私が文学部長になった。

私は前々からそれまでの教授会のあり方を全部変えたいと思っていたので、学部長になってすぐに古い教授たちをたずねて、教授だけの教授会ではなくて、文学部の助手も含めた全員の会にしたい、だから教授会と言わないで学部会議という形で全員の会議にすると言って、主だった教授たちを説得した。一人だけ国文学の佐藤信彦さんが、自分はどうしてもそれには賛成できないと言うので、賛成できなければ構わないけれども、私は多数決でやると言い、佐藤さんも多数決で決まれば反対しないということで、結局全員賛成で古い教授会を解体し新しい学部会議を作った。人事の問題でも前は教授だけで決められていたのを、全員で決めることにした。そのときに人事委員会というのは、それぞれの専攻の、たとえば国文科なら国文科の中で誰だれと決める、その人たちが中心になって進めて、最後には学部会議全体で決めるというふうに変えた。

それに対しても佐藤さんが大分抵抗した。もう一つは教務でそのことを文部省にもって行ったら、文部省でやはり人事の問題は教授だけに限るべきだと言われたと言って来た。そのとき私はもう実際に学部長になっていたので、そんな文部省の言うことなんか無視しろ、いくら文部省がそう言ったって従わなかったときの罰則はない、こちらがそのままやれば文部省はみとめるから、ということで教務も納得させた。果たして文部省から別に何も言ってこなかった。要するに私学に対して言う権利はないわけだ。

それで慶應で一番はじめに、今までの教授会をなくしてまったく新しい制度を作ったと言える。その意味で最初は非常に忙しかったし、やりがいもあった。学部長になった以上、やろうと思うことはやるという意気込みであった。

それからあとでほかの学部もだんだんそれを見習って変えて行ったが、ちょうど学園紛争でガタガタしていたときで、老教授たちはみんなこわがって逃げてばかりいる。そういうのに立ち向かっていろいろなことをやったのは若い連中だったから、若い連中に対してどうこう言うほどの勇気はもうなくなっていたわけだ。ちょうどいい時期であったのだが、ここでがらっと慶應の学部のあり方を変えたことを、多少やりがいがあったと思っている。

日本哲学会会長に就任

私は文学部長を二期務めてやめ、そのあとは神山四郎君がなった。そして一九七七（昭和五十二）年に日本哲学会の会長をやることになった。正式には委員長という名前だったが、対外的には会長と言ってもいいということになっていた。

私は前から日本哲学会の委員ではあったが、この委員になったきっかけをちょっと話しておかなければならない。

私が最初のハーバード留学から帰ってしばらくして、三宅剛一さんが日本哲学会の会長をしていた頃、大阪市立大学で日本哲学会の大会を開くときに学会費の値上げが問題になった。一九六〇年頃ではなかったかと思う。

ところがそれまで日本哲学会のほとんどが、論理学とか科学とか言ったものを取りあげないで、大体民科の人が多いものだから、社会科学的な問題だけをテーマにして来た。それでわれわれは科学哲学会というのを作って別にやりはじめた。

もっと前に科学基礎論学会というのが別にできていたが、日本哲学会ではそういうものを全然取りあげてこなかったので、委員長の三宅さんが学会費の値上げを提案したとき私は立ちあがって、こういう条件があれば値上げを認めてもいいと言った。

その条件というのは、今まで日本哲学会の中で、新しい論理学とかそういうものについて、シンポジウムなどでもほとんど取りあげて来なかったけれど、日本でもそういうものが盛んになって、現にわれわれが別の学会を作ってやっているくらいなので、日本哲学会でも当然取りあげるべきだ、もしそういうことを実行するなら値上げに賛成する、と言ったところが、委員長の三宅さんは大賛成だと言い、誰もそれに反対する人がいなかったので、結局私のその条件を呑んで値上げをすることに決まった。

大会が済んで東京に帰ったら三宅さんから、あなたがああ言った以上、そういうことをこれから日本哲学会で取りあげなければならないから、準備委員のような形で委員会に加わってくれないかという話があった。もちろん言い出しっぺだからよろこんで加わりますと言った。

それからあと日本哲学会の大会でどういうシンポジウムの主題を取りあげようかというときに、私が出した案がほとんど通った。というのは、どちらかというと民科の委員にはマルキストが多くて、しかも彼ら自身もいままで同じことをむし返していてつまらないと感じていたが、新しいものを取りあげるにしても、どういう具体的な主題を出したらいいかわからなかったらしいので、大体私が出したことをみんなが認めてくれたわけだ。

そんなことで、日本哲学会の中でもひとりでに、私たちのやっているようなものが取りあげられて、そういう発表が多くなって来た。それもあってちょうど年齢的にもそうだったのだろうと思うけれど、次の委員長を決めるときに、委員の中の投票では確か一位になっていたので、ひとりでに委員長ということになったわけだ。

それまでの委員長は、何となく古い年とった教授たちの間で話をして、適当に東京にいる人の中から話し合いで決めるという形だった。たとえば松本正夫さんは委員長をやらないかとすすめられて委員長になったが、一年たったときに、もう一人まだ委員長になっていない人がいるから、君は一年でやめてその人に譲りなさいと言われて譲ってしまった。私は一年しかやらなかったのに、君は二期もやったと、松本さんはいつも私に言って、半分冗談でむくれていた。

そんなやり方だったので、私は委員長をどういうふうにして決めるか、もっとちゃんとした方がいいと言って、文学部長になったときもそうだったけれど、何だか委員長になったとたんにすべてを新しくしたいという気になったものである。

それで委員は哲学会全員の投票によって、票が集まった上の方から何人と決まった数の委員を決めていたが、委員長は委員会の互選で決める、そして二期以上はやらない、そんなことを私が決めて、私自身も二期やってやめた。そのあとは東大の山本信君がなった。

科学哲学会会長に就任

私が日本哲学会の委員長を五月の大会のときにやめたその夏、七月か八月だったか、大江精三さんが芦名の家をたずねて来て、自分は科学哲学会の会長をもう長い間やったので今度やめるから、代わりにぜひ君にやってもらえないかと言って来た。

私は最初は断ったが、いろいろ聞いてみると、もう一人大江さんがやめたのをちょうどいい機会にして、ぜひ自分を会長にして欲しいようなことを言っている人がいて、その人がどうもみんなに好かれていない。彼になられると困るのでどうしても君になってほしい。君がなったら彼も文句を言わないだろうとそんなことを言われて、前から科学哲学のことについてはいろいろ関係があるので、仕方なしに次の会長を引き受けた。引き受けたおかげでずい分長い間、一九八三（昭和五十八）年の夏からはじめて、やめたのが一九九二（平成四）年、その間だれも代わってくれる人がいないので、私が会長をつづけることになってしまった。

この日本科学哲学会は、これもできあがる最初から私が関係していた。アメリカから私が帰る少し前あたりからだが、早稲田に植田清次さんという哲学の教授がいて、彼がアメリカ哲学研究会というのを作っていた。これは前に述べたようにスタンフォードと東京大学との間で夏の間アメリカンセミナーをやった。そこでセミナーを聞いた人たちが集まって、植田さんが中心になってアメリカ哲学研究会というのを作った。

もともと植田さんは早稲田で哲学を教えていたときに、とくに英国の哲学やアメリカのプラグマティズムを研究していた人だったので、アメリカ哲学の研究会を作った。それにわれわれも一応賛成したわけだ。科学哲学に興味をもつ人たちが、日本ではそのスタンフォードのアメリカンセミナーから生まれたと言ってもいい。それでアメリカ哲学研究会に入っても、アメリカ哲学を研究するより、論理学とか科学哲学などをやっている人たちが多かった。

そのうちにアメリカ哲学研究会のほかに、もう一つ昔の文理大の中にやはり科学哲学をやる人がいて、そこでも科学哲学会というのがあり、そこと一緒になって、年に一回科学哲学大会というのをやろうということで、アメリカ哲学の中から科学哲学とか論理学をやっている人たちと、同じような傾向をもっていた文理大の人たちが一緒になって大会を開いた。最初は大会でやっていたが、そのうちにこれを学会にしようということになり、結局日本科学哲学会という学会が生まれたわけだ。

最初のうちは植田さんが会長をやり、次に確か大江さんに頼んで大江さんが長くやっていた。それで大江さんがもうそろそろやめたいからというので私に頼みに来て、私がそれを引き受けることになった。二度目のハーバード留学のときに一緒になった藤本隆志君や坂本百大君たちも助けてくれたので、私も会長として十年近くつづけることができた。

定年を迎える

日本哲学会の委員長は一九八一（昭和五六）年にやめ、八二年に大学を定年になった。

定年になる前に慶應の文学部の中の哲学科は、哲学専攻、倫理学専攻、心理学専攻、社会学専攻、教育学専攻というふうに分かれていたのが、社会学、教育学、心理学専攻が哲学科から独立して、社会・心理・教育学科になっていた。その中であるグループの連中が、社会学、心理学、教育学のほかに、人間科学専攻というのを作りたいということで私にその話があった。

人間科学専攻というのは、当時多くの学校でそういうものを作る傾向があったが、人間科学とは何かまだはっきりした定義はなかったけれど、いままでと違った人間を中心にした学問、ある意味で総合的な学問ということで、そういうものを作ることに私も賛成した。それで社会学、心理学、教育学の専攻からそれぞれ何人かを出し、私にどうしても人間科学専攻の中心になってもらいたいということになったが、哲学から抜けてしまうことは哲学科からの反対もあってできない。そこで複雑だが、哲学科ではもとと同じように授業その他をもつ、ただ文学部の所属としては新しくできた人間科学専攻に移るということで妥協点を見出して、人間科学専攻の教授になった。

新しい学科なので、学生たちも非常に増えて大勢の所帯となった。定年のときには人間科学専攻ということで、哲学科ではやったことのない最終講義をした。女子学生も多く、花束などをたくさん持って来てくれたので、ちょうどそのとき来ていた松本正夫さんが、女の子から花束ばっかりもらって、といつものようにやっかんだり皮肉を言ったりしたものだ。

そんなことで、一九八二年に長い間教えて来た慶應義塾大学を定年退職となった。ただし規則によって三年間は非常勤講師として授業をもつことができるので、哲学と人間科学の講義をつづけた。

いま思うこと

いま一応の平和の中で暮らしながら激動の過去を思い出すたびに考えることがある。それは二十三歳から二十九歳に至る私の戦争の経験の意味をどう評価するか、ということである。私の周囲にいる若い研究者たちのことを考えると、私が戦争で過ごした約六年間を、彼らはより多くの本を読み、論文を書くことができたと思うとうらやましく感じる。しかし、その一方で彼らは生まれて以来、この平和の中で個人的にはいろいろな運命に遭遇したかもしれないが、私の場合のように集団的に中国の人びとの生活にふれたり、あるいはニューギニアで私が経験したようなある種の原始的生活、金銭を使うことなしに過ごした森林の中での生活を知ることはない。その意味で私自身が企図したことではないけれども、私の過去の経験が、私にはその後の私の生活や思想にとって重要な意味をもっていることに気づくのである。

一九八八（昭和六十三）年の夏頃、妻の澄子が体調をくずし、十一月十二日に肝臓ガンで病没した。その後園田桂子と再婚し、現在に至っている。

第五章　父、沢田茂のこと

最後に父のことについて、少しまとめて話しておきたい。

父が亡くなったのは一九八〇（昭和五十五）年、九十三歳だった。中将だったので宮内庁に届ける必要があり、天皇からご下賜金がおくられて来た。葬式は一応うちだけでやり、しばらくあとで、軍人会館で公のいろいろな人たちにそこに来てもらって葬儀をやった。そのとき、父が参謀本部にいたときの部下だった瀬島龍三氏が、弔辞を読んでくれた。

父は一八八七（明治二十）年に、高知県高知郡鴨田村能茶山（現在の高知市鴨田町）に生まれた。高知県立海南中学校二年から広島陸軍地方幼年学校、陸軍士官学校を出て（第十八期）、陸軍砲兵少尉に任官。その後陸軍大学校を卒業して参謀本部に勤務していた。一九一八（大正七）年に日本がシベリアに出兵したときは、ウラジオ派遣軍司令部付、オムスク特務機関委員としてシベリアに行った。これについては、作家の高橋治氏が『派兵』という五巻の本をまとめているが、その最初の部分は家に高橋さんが来て、いろいろ父の話を聞いていた。シベリア出兵に参加して生き残っていたのは、ほとんど父一人だったからだ。

シベリアから帰国したのち、一九二二（大正十一）年にギリシア公使館付武官となって、トルコのコンスタンチノープル（イスタンブール）に行くことになった。ギリシアとトルコが当時どういう関係にあったのか私にはわからない。

一九二四（大正十三）年に帰国後、一九二八（昭和三）年に特務機関長としてハルビンに行った。その後久留米の砲兵第二十四連隊長を経て、一九三三（昭和八）年に陸軍大学校の兵学教官となり、東京に帰った。父は戦史を教えていたので、このとき海軍大学校の教官も兼ねていた。

一九三五（昭和十）年の三月に陸軍少将に任ぜられた。その前に一九三四年に近衛師団の参謀長になっていた。これは阿佐谷にいるときで私はその頃一緒に生活していたが、翌三五年に野戦銃砲兵第一旅団長になった。これは三島にあるのだが、われわれは阿佐谷に住んでいて、父だけが三島に下宿して単身赴任ということで、われわれはときどき三島に行ったりしていた。

同年、ポーランド公使館付武官、兼ルーマニア公使館付武官になった。

一九三七（昭和十二）年に支那事変（日中戦争）が勃発した。その年大本営付属陸軍諜報機関付ということになって日本に帰って来て、中将になったのが昭和十三年、私が大学の学部にいる頃だった。

一九三八（昭和十三）年に大阪の第四師団長になり、翌年の五月十二日にノモンハン事件が勃発したので、第四師団長としてノモンハンに行った。そして九月二十三日には第四師団長をやめて参謀本部付になり、十月に参謀次長になった。参謀総長というのが陸軍では一番偉い役職でそのときの参謀総長は閑院宮という皇族だから、参謀次長が実質的には参謀総長の仕事を全部やるという形だった。のちに杉山元《はじめ》さんが参謀総長になったが、杉山さんは父が久留米の連隊長でいるときにその師団長だった。父が参謀次長になったとき、同時に父とは広島の幼年学校から一緒だった阿南惟幾《あなみこれちか》さんが陸軍次官になった。終戦の時陸軍大臣だった人で、自決したのは有名な話だ。

今の若い人たちにはわからないと思うのでついでに言っておくと、陸軍大臣というのは軍を離れて、政府の一員として軍の予算獲得などのためにいるわけだから、軍隊の中では参謀本部とは違って本筋ではない。本筋ではないけれど、予算をとったり何かするということで割に重要な役ではある。だから確かにいろいろなことで陸軍大臣の方が一般の人からいうとしばしば聞く名前であり、大臣ということで偉く聞こえるわけだ。参謀総長のもう一つ上にいるのが天皇だった。海軍は軍令部と言って軍令部長が陸軍の参謀総長に当たる。

父が参謀次長になったときには、阿佐谷のうちに新聞記者がたくさんおしよせて、私がバイオリンを弾いているところを写真にとられ、私のことなども記事に出たりした。というのは、当時満州事変から尾を引いて支那事変がずっとつづいていて、これが発展すると中国との全面戦争に巻き込まれるというので、日本全体が支那事変がどうなるかを非常に心配していた。父は参謀次長になったとたんに新聞記者に囲まれて方針を発表した。そのときに「支那事変を早く終結させる、それが軍の方針である」と言った。それは当時の多くの人たちが望んでいたことだったので、今度の参謀次長がそういうのは、参謀総長、要するに陸軍全体の意向だというわけで、うちに新聞記者が来て、ついでに私の写真を載せたりしたわけだ。

その参謀次長の頃に、ヒトラーが日独伊三国同盟を締結しようとしていた。その当時ドイツ大使は父と同期の大島浩さんだった。彼は軍人だったので、ヒトラーの言うことばかり信用して、ドイツ全体の政治の流れを見ることができなかったのではないかと私は思う。父は自分の同僚の大使が言うことだから、三国同盟を締結するのに日本の中で努力をして、一九四〇（昭和十五）年に日独伊三国軍事同盟が締結されたときには、父が参謀次長だったから天皇に認可を仰いだと言っていた。下から言って来たものは、天皇は黙ってサインするだけだから、心の中ではどう思っていたかはわからない。

その頃山下奉文《ともゆき》は関東軍にとばされていた。彼は二・二六事件で若い将校をある意味で煽動したけれど、天皇が賊軍だと言ったとたんに天皇の言うとおりになって、かつて自分がおだてた人たちと逆の立場に立ってしまったわけだから、その当時一般の兵隊さんからも陸軍の内部からも非常に不評だった。

それこそ退役ということになりかねなかったが、父は山下さんとは幼年学校の同期というだけでなく、高知の中学でも同級だったので、何とかして彼を助けようとして、退役にする代わりに満州(中国東北部)の関東軍の方に出したと言っていた。それからのちにフィリピンに行ったが、父はずっと彼をかばったとよく話していた。

参謀次長の終わりの頃に仏印進駐の事件が起こった。これは仏印(仏領インドシナ)、いまのベトナム・ラオス・カンボジアのあたりだが、ほんとうは参謀本部はそこに進駐しない方針だったのを現地の将校が参謀本部の意向を無視して仏印進駐をやった。要するに戦争を起こし、それをきっかけにあのあたりに勢力を伸ばそうとしたわけだ。参謀本部としては戦争の拡大はしたくなかった。中国の事変だけで大変なのにそういうふうになったので、大きな責任問題になって、閑院宮が参謀総長を辞任することになり、父もそれに殉じて参謀次長をやめ、第十三軍の軍司令官になって上海に行った。

それが一九四〇(昭和十五)年の十二月、私が卒業した年で、私もその年に徴兵検査を受けて十二月一日には麻布にあった連隊に入隊し、前にも述べたように、十二月の終わりには中国北部の蘭封というところに行った。だから父と私とはほとんど同時くらいに、父は上海に行き、私は上海から割に近い河南省の首都である開封からちょっと離れた蘭封に初年兵としていた。

二人とも中国に行っていたわけだ。

父が第十三軍の軍司令官のときにドウリットル事件が起こる。ドウリットルというのは一九四二（昭和十七）年、最初に東京を空襲したアメリカの飛行隊の隊長の名前で、そのとき東京の下町あたりを飛んで銃撃したので、それが大きな問題になった。というのは「日本軍は勝っている、勝っている」と言っていたのに、まさか敵の飛行機が東京を空襲するとはどういうことかというわけだ。

そのときの飛行隊の一部が日本を爆撃したあと上海からちょっと離れたところに着陸した。ちょうどその頃父は浙贛《せっかん》作戦に出ていて、上海からずっと上流の方に行っていた。その留守に飛行機が上海の付近に着陸したのを日本軍が捕まえて捕虜にした。もちろん参謀本部に連絡したのだろう。それで、どう処分するかと言ったときに、それでは死刑にしろとなったらしい。留守を守っていた人がそれをやった。父は帰って来てはじめて知ったのだが、そのことで終戦後、上海の戦犯として大森の監獄に送られ、東條さんやいろいろな人と一緒に大森から巣鴨の監獄に移された。

軍の組織から言えば第十三軍司令官でいたが、一九四二（昭和十七）年の十月八日に参謀本部付になった。それはなぜかというと、久留米の連隊長だったときに緑内障で片方の眼が見えなくなって、片目だけでやって来たが、上海の第十三軍の司令官として浙贛作戦に出ている途中で、もう片方の眼も痛み出した。そこで日本の内地に帰って眼を手術することになった。それがきっかけで十月八日に参謀本部付になり、十一月十五日には待命、要するに予備役になった。

予備役になっていたからある意味では助かったというか、そのままずっといると、あるいは阿南さんと一緒の階級だから、陸軍大臣か何かになって、自決しなければならなかったかもしれない。終戦の少し前に眼を悪くしてやめたということで、ドウリットルの飛行士の処刑の罪というだけで済んだ。その当時自分の罪を逃れようとして、これは自分がやったんじゃないと言う人もあったが、父は捕虜の処刑については、そこにいなくても自分がその当時の長であったわけだから、責任はまぬがれないといさぎよく罪を認めたので、非常にアメリカ側の心証をよくしたらしく、重労働五年の刑期が確か四年くらいで巣鴨から出て来た。

のちに父は芙蓉書房というところから『参謀次長沢田茂回想録』という本を出した。これは父がいろいろなところで書き残しておいたものと、眼が見えなくなってから母が父の喋ったのを書きとったものを、森松さんという人が全部まとめて活字にしたものだが、その本の最後の方に、「天皇の国軍親率について」という章を設けて書いている。くわしいことは別にして、要するに天皇をみんなが口実にして、天皇を利用したことが非常に気になると言っている。

ヒトラーがソビエトと不可侵条約を結んでいるのに、なぜ父が三国同盟を結んだのか。父は戦史をやっていたから、第一次世界大戦でドイツが負けたのは両面作戦をやったからだ、あんなことをやればどんな国でも負けてしまうとよく言っていたので、父はそんなことはわかっているのに、どうして三国同盟などを結んだのかと思うのだが、やはり参謀次長となると陸軍全体の意向に一人で逆らうことはできなかったろうと思う。ほんとうは一人ででも逆らって、それで陸軍をやめさせるんならやめさせろと言えばよかった。その方がいさぎよかったと思うけれど、父の立場はそうではない。周りの言うことはよく聞いて、調停派というか、それはそれで仕方がないと思う。

父はそのようにして土佐の農家から陸軍幼年学校に行って、最後に陸軍の一番上の方まであがって行くという道をたどったが、それだけに少なくとも家庭的にはずい分かわいそうだったと思う。というのは母が長い間病気でいたし、軍人だったために方々に移動する、しかも外国に移動することもあったり、私も允明も父と一緒にいることが少なかった。そんなことで、「お父さんは允茂さんにはいつも遠慮がちだった」と周りの人から聞いたことがある。

父にしてみれば、小さいときは別にして、私が大学を出る頃になると、やっぱり自分が小さいときから叱ったりして手をかけて育てたわけではない、おばあさんに育てられたことで、何となく普通の親のように直接に指導することができなかったのが、そのように遠慮がちだと見られることになったと思う。

父は私に死ぬまで看取ってもらおうとは思っていなかったらしい。最初の頃一緒に住もうと私が言ったときに、いや自分たちは最後には老人ホームに入るからと言っていた。幸いずっと一緒に生活して、うちに来る学生たちと晩飯にお酒を飲んで歌を歌ったりして、それは非常に楽しかったと思うので、その意味では最後には私としても親孝行をした、父も息子のところで楽隠居したことになってよかったと思う。

あとがき

もう数年前のことになるが、ある学生から「先生のこれまでのことを喋ってテープに吹き込んでくれませんか。そうしたらそれをダビングして聞きたい人が聞くから」と言われた。自分の生きてきた年月を振り返るなどとは思いもしなかったので、ちょっと意表を突かれたが、考えてみるとなるほどそれも一つの意味があるかもしれないと思われてきた。それで妻を聞き手にして私の過去のことどもを話しはじめた。

記憶をたどって話しているうちに、妻が、これはなかなか面白い、とくに戦争のときのことなどはいまの若い人たちは知らないだろうから、テープのままで置いておくよりは本にしてみんなが集まってくれる機会に配ったらよろこんでくれるのではないか、と言い出した。テープ起こしを少しずつ自分がやるから、と言うのでまかせておいたのだが、テープの吹き込みが終わった直後に私が救急車で病院に運び込まれ、その後、三か月の入院を余儀なくされるという出来事があり、妻の方でもテープ起こしで腱鞘炎になったりして、遅々として進まなかった。

それがこの春にようやく原稿の整理が終わったので、旧知の慶應義塾大学出版会の坂上弘社長に一度見てもらおうということになった。坂上君は高名な作家であるが、慶應義塾大学の哲学科出身で、かつての私の教え子でもある。坂上君は早速読んでくれて、自分のところで出版しましょう、と出版を快諾してくれた。

以上がこの本の世に出ることになったいきさつである。

いま校正作業で読み返してみると、普段の日常生活のなかで忘れ去ってしまっている自分自身の過去の出来事が、恰も小説を読むように再現されてきて、改めて自分自身を見直す、といった奇妙な現象に繫がっていった。私自身の他人化とでも言うような感覚に支配されていった、とも言える。そのことは同時に私自身をとりまいていた歴史を私自身の立場から、もう一度見直すことに繫がっていったように思われる。自分自身の過去の歴史を書く、ということにこのような新しい意味が隠されていたことを改めて見直すことにもなった。

終わりに、この本の出版を引き受けてくれた坂上弘君に心から御礼を申し述べたい。そしてこの本を作るに当たっての面倒な作業を受け持ってくれた妻桂子にも感謝したい。

二〇〇三年八月八日

沢田允茂

沢田　允茂（さわだ　のぶしげ）

哲学者、慶應義塾大学名誉教授。1916（大正５）年、東京生まれ。1940（昭和15）年、慶應義塾大学文学部西洋哲学科を卒業。同年12月に応召し、中国戦線、南方戦線で過酷な戦場を体験。1946（昭和21）年６月に復員、慶應義塾大学文学部助手となる。その後、文学部教授、通信教育部長、文学部長を務めると共に、日本哲学会会長、日本科学哲学会会長を歴任。著書に『現代論理学入門』（岩波新書・1962）、『現代における哲学と論理』（岩波書店・1964）、『認識の風景』（岩波書店・1975）、『考え方の論理』（講談社学術文庫・1976）、『言語と人間』（講談社学術文庫・1989）、『哲学の風景』（講談社・1997）など多数。

昭和の一哲学者
――戦争を生きぬいて

2003年11月10日　初版第１刷発行
2004年７月20日　初版第２刷発行

著　者―――――沢田允茂
発行者―――――坂上　弘
発行所―――――慶應義塾大学出版会株式会社
〒108-8346　東京都港区三田2-19-30
TEL〔編集部〕03-3451-0931
〔営業部〕03-3451-3584〈ご注文〉
〔　〃　〕03-3451-6926
FAX〔営業部〕03-3451-3122
振替　00190-8-155497
http://www.keio-up.co.jp/
装丁――――――巖谷純介
印刷・製本―――株式会社丸井工文社
カバー印刷―――株式会社太平印刷社

© 2003 Nobushige Sawada
Printed in Japan　　ISBN 4-7664-1047-5

慶應義塾大学出版会

「内向の世代」論

古屋健三著　戦後文学を本質的に変質させた阿部昭、坂上弘、古井由吉、後藤明生ら「内向の世代」の文学を多面的に論じた長編評論。　●2800円

江藤 淳

田中和生著　日本の近代を問いつづけた江藤淳の文学の根底に「欠落を生きる」真摯な姿勢を見出した文芸評論。第7回三田文学新人賞受賞作。　●2200円

漱石の源泉 創造への階梯

飛ケ谷美穂子著　英文学者・夏目漱石は、英文学作品をいかに受容し、創作に活かしたかを、著者長年の実証的研究により明らかにする画期的論考。　●3200円

飢えた孔雀 父、村野四郎

村野晃一著　日本の現代詩の先導者、名作『体操詩集』の詩人の生涯と作品をいきいきと、愛情を込めて綴る。　●2800円

平家物語から浄瑠璃へ 敦盛説話の変容

佐谷眞木人著　謡曲や御伽草子における『平家物語』の変容を検証し、芸能の世界にいかに受容されたかを論考する初の研究書。　●4000円

青年 小泉信三の日記

小泉信三著　22歳～26歳の秘蔵日記を初公刊。慶大卒業後の青春の日々が、学問と芸術、そして友情と恋心をめぐって活きいきと綴られる。　●3800円

表示価格は刊行時の本体価格（税別）です。